GÜTERSLOHER
VERLAGSHAUS

Gütersloher Verlagshaus. Dem Leben vertrauen

Meinen Eltern

Inhaltsverzeichnis

Teil 4
Vom Fluch des Vergleichens

Teil 1

Das Thema des Buches ist mein Lebensthema

1. Ein Lenkdrachen erhebt mein Herz

Das Wochenende versprach sonnig und stürmisch zu werden. Sonnig war es bereits. Stürmisch würde es werden, wenn meine Lieblingsholländerin ankommen würde. Der Herbst hatte in Bonn Einzug gehalten. Noch ahnte ich nicht, dass mir durch dieses Wochenende klar werden sollte, warum vieles in meinem Leben richtig gut läuft.

Der Freitagnachmittag war ruhig. Wir waren beide nach einer anstrengenden Woche müde. Das Abendessen duftete köstlich und ich machte zwei Flaschen Wein auf. – Ja, Sie haben richtig gelesen. Es waren immer zwei Flaschen, die ich öffnen musste. Für mich einen trockenen Roten, für Karina einen süßklebrigen Weißen, den sie selbst aus Holland mitgebracht hatte (wer hat schon süßen Wein im Haus?). Wenigstens verband uns die gemeinsame Fremdsprache Englisch. Das wurde im Verlauf des Abends immer flüssiger. Müde und zufrieden schliefen wir ein.

Ein Geräusch weckte mich. Karina machte die Jalousien ein Stück hoch, schaute raus und sah mich mit einem breiten Grinsen an: »Weißt du, was wir heute machen könnten?« »Aaaahhhh, du hast bereits zwei Minuten nach dem Aufwachen einen Tagesplan erstellt?«, murmelte ich. »Nein, nur eine großartige Idee«, erwiderte sie. Und großartig war die Idee wirklich, wenigstens in ihren Augen. Ich fand sie eher doof, aber ich sollte meine Meinung am Ende des Tages revidiert haben.

»Heute gehen wir kyten!«, verkündete sie freudestrahlend. »Joooh, das ist eine schöne Idee«, gab ich von mir, ohne zu wissen, was kyten überhaupt ist. Zögernd fragte ich sie: »Karina, was genau meinst du mit kyten?« »Na, wir lassen einen Dragon fliegen, oder wie sagt man?« Langsam dämmerte es mir: »Du willst einen Drachen steigen lassen? Woher bitteschön soll ich einen Drachen nehmen?« Wieder grinste Karina: »Wir nehmen meinen, der liegt im Kofferraum in meinem Auto. Ich lass dich auch mal fliegen.« »Ne, lass mal, ich fühle mich auf der Erde sicherer.« Karina fuhr unbeirrt fort. »Du wirst sehen, kyten macht viel Spaß und heute ist es so schön windig. Da kann man tolle Figuren fliegen.«

Immer klarer wurde mir, wovon Karina so begeistert war. »Jetzt versteh ich, du besitzt einen Lenkdrachen. So ein Ding mit zwei Schnüren. Eine Schnur in die linke Hand, eine in die rechte und dann lenken.«

Ich dachte nach: »Karina, sei mir nicht böse, aber ich sehe da ein klitzekleines Problem auf mich zukommen. Wie bitteschön soll ich die Schnüre festhalten? Also, ich komme gerne mit und schaue dir zu, kein Problem für mich, wirklich.« »Vertrau mir«, unterbrach sie mich liebevoll, »ich habe ein paar Ideen, wie es klappen könnte.«

Wenn eine Frau dich auffordert, ihr zu vertrauen, dann

halt die Klappe und vertrau ihr. So viel hatte mich das Leben schon gelehrt.

Eine halbe Stunde später befanden wir uns auf den Bonner Rheinauen und Karina hatte ihren bunten Kyte aufgebaut. Sie machte vor, wie es funktioniert. Mit atemberaubender Geschwindigkeit ließ sie den Kyte am Himmel tanzen. Nach ein paar Minuten brachte sie ihn sanft zur Erde zurück. Dann zog sie einen Stab aus ihrem Rucksack, befestigte beide Seile daran, gab ihn mir und sagte: »Probier mal aus, ob du den halten kannst.« Ich klemmte mir den Stab vor die Brust und hatte ihn fest im Griff. Karina lief zum Kyte, hob ihn ein wenig an, bis eine Windböe ihn erfasste und er rasch nach oben stieg. »Mach erst mal gar nichts«, rief sie mir zu. »Versuche ihn oben in der Mitte zu halten.«

Der Kyte zerrte an mir, aber ich stand da wie ein Fels in der Brandung. Meinen Blick hielt ich starr auf den Drachen gerichtet. Dann stand Karina neben mir: »Zieh ganz wenig an einem Seil, keine schnellen Bewegungen, vorsichtig, und lass ihn von links nach rechts fliegen.« Es klappte, der Kyte gehorchte mir. Mein ehemals skeptisches Gesicht erhellte sich und ein wohliges Gefühl stieg in mir auf.

»Wahnsinn, das ist toll«, schrie ich, obwohl Karina direkt neben mir stand. »Eh, du bist geschickt«, lobte sie mich. »Gar nicht übel für einen Anfänger. Nun zieh mal ruckartig an einem Seil und bring es dann sofort wieder in die alte Position.« Zuerst gehorchte ich Karina, dann der Kyte mir. Er drehte sich einmal um die eigene Achse, um sogleich wieder stabil am Himmel zu stehen. »Yes«, rief ich, »ich hab ihn im Griff.«

Mit der Zeit wurde ich mutiger. Immer rasanter wurden die Kurven und immer mehr Loopings mutete ich dem bunten Drachen zu. Manchmal raste dieser nur wenige Meter über den Boden. Dann wieder ließ ich ihn bis fast über meinen Kopf steigen, um ihn gleich darauf wieder gen Boden stürzen zu lassen. Das ganze Geschehen wurde meinerseits mit illustrierenden Geräuschen und Sätzen begleitet: »Und wieder lässt Rainer Schmidt den Drachen bis zum Gipfel steigen, eine schnelle Linkskurve, zwei Loopings, zack, zack und wruuummmm geht es Richtung Rheinufer.« Ich war in meinem Element. Volle Konzentration auf das, was ich tat.

Es war Karina, die mich auf die Passanten aufmerksam machte. In sicherer Entfernung standen inzwischen bestimmt zehn bis fünfzehn Menschen, die dem Mann mit den kurzen Armen zusahen, wie er Kunststücke mit einem Lenkdrachen vollführte. Ich tat natürlich so, als ob ich sie gar nicht bemerkt hätte. Aber in mir spürte ich einen Antrieb, es nun besonders gut zu machen. »Wenn die schon stehenbleiben, dann will ich ihnen auch was bieten.«

Dann plötzlich, es geschah in einem Sekundenbruchteil, verlor ich die Kontrolle. Der Kyte knallte mit der Nase voran auf die Wiese. Ein Plexiglasstab flog raus, hüpfte nach oben und fiel drei Meter vom Kyte entfernt nieder. Nach einer Schrecksekunde brach es aus mir heraus: »So ein Mist! Das tut mir leid. Hab ich ihn kaputt gemacht?« »Nein, kein Problem«, rief Karina, die bereits zum Kyte gelaufen war. »Solange die Stäbe rausfliegen, ist alles bestens. Komm, probier es gleich noch mal.« »Wenn du meinst«, rief ich zurück, »aber diesmal werde ich vorsichtiger sein, versprochen.« Und so war es. Mein Übermut war gedämpft worden, aber ich war mir noch immer sicher, dass ich ab sofort behaupten dürfte: Rainer Schmidt kann Lenkdrachen fliegen.

Zum Glück aber hatte ich bereits 20 Minuten lang Erfolgserlebnisse gesammelt, bevor das Scheitern eintrat. Wäre mir der Drachen schon nach wenigen Sekunden und dann immer wieder außer Kontrolle geraten, ich hätte frustriert aufgegeben.

Ein paar Wochen später kam mir der Tag wieder in den Sinn. Ich saß gerade bei der Vorbereitung eines Vortrags zum Thema »Ich kann was und ich bin wer – Was Menschen stark macht«. Ein Vortrag über zwei zentrale Bedürfnisse von Menschen: Über das Bedürfnis nach Stärke und das Bedürfnis nach Anerkennung.[1] In diesem Erlebnis mit

---

1 Vgl. Kapitel 5: Fünf Grundbedürfnisse von Menschen

dem Lenkdrachen steckt doch alles drin, dachte ich bei mir.

Erstens: Das war ein tolles Erfolgserlebnis! An einem einzigen Samstagvormittag hatte ich etwas gelernt, was mir bis dahin völlig unmöglich erschienen war. Ich hatte das Gefühl: Ich kann was! Mein Vertrauen in meine Fähigkeiten ist dadurch stärker geworden. Dieses Buch erzählt von der Wichtigkeit von Erfolgserlebnissen.

Aber Sie erinnern sich natürlich auch an meinen Misserfolg. Der Kyte ist mir noch mehrmals am Tag auf die Wiese geknallt. Warum habe ich mich von meinem Scheitern nicht unterkriegen lassen? Welche Rolle spielen Niederlagen in meinem Leben und was hilft mir, nicht daran zu verzweifeln?

Zweitens: Mir hat der Tag sehr viel Spaß gemacht. Ich hatte spielend gewonnen! Nun gut, nicht gleich das ganze Leben, wie es der Titel dieses Buches verspricht, aber doch einen wundervollen Tag in meinem Leben. Dieses Buch handelt von der Kraft des Spielerischen. Spielen und Ausprobieren hat etwas Befreiendes, etwas Leichtes. Wie ich gelernt habe, einen Lenkdrachen steigen zu lassen, so habe ich übrigens auch Tischtennis spielen gelernt. Wie spielen und sich anstrengen, Spaß haben und stark werden zusammenhängen, auch davon erzähle ich.

Und drittens waren da Menschen um mich herum, die mir Anerkennung und echtes Interesse entgegengebracht haben. Zuallererst Karina. An diesem Tage war sie mir eine wunderbare Lehrerin. Sie hat mich neugierig gemacht und mir einen neuen, unbekannten Lebensraum eröffnet. Inzwischen besitze ich längst einen eigenen Kyte und kann meinen Drachen ohne fremde Hilfe in den Himmel steigen lassen. Da waren aber auch fremde Menschen, die mir ganz beiläufig Bewunderung entgegengebracht haben. In diesem Buch denke ich über Beziehungen nach. Wie können Menschen einander unterstützen und befähigen? Wie sind Beziehungen zu gestalten, dass alle zu Recht sagen dürfen: »Ich bin wer!« Neugierig geworden? Ich hoffe es!

2. Ein persönliches Buch zur Sache

»Spielend das Leben gewinnen – Was Menschen stark macht« habe ich als Titel meines Buches gewählt. Dieses Buch ist ein Buch zur Sache, ein Sachbuch. Es geht darum, welche Erfahrungen und Lebensverhältnisse Menschen brauchen, um stark für das Leben zu werden. Von einem Sachbuch dürfen Sie zu Recht erwarten, dass es fundiert und begründet ist. Sie werden allerdings auf den nachfolgenden Seiten kaum Hinweise auf Untersuchungen, Forschungsergebnisse und wissenschaftliche Literatur finden. Zwar habe ich zur Vorbereitung einiges gelesen und darf daher hoffen, ein fundiertes Buch vorgelegt zu haben. Dann aber habe ich entschieden, kein Zahlen- und Faktenbuch zu schreiben. Ich hatte Angst, es könnte schnell langweilig werden. Vor allem aber, und das ist das zentrale Argument, meine Positionen und Meinungen haben sich weniger aus der wissenschaftlichen Beschäftigung mit dem Thema gebildet als vielmehr durch mein Leben und Erleben. Das Thema des Buches ist mein Lebensthema! Ich bin Leistungssportler und zugleich Pfarrer, Referent an einem

Fortbildungsinstitut und zugleich behindert, ehemaliger Sonderschüler und inzwischen Buchautor. Gaben und Grenzen haben, erfolgreich sein und versagen, das sind meine Themen. Das macht meine eigene Perspektive aus. Als Sportler mache ich Erfahrungen, die dem Pfarrer gut tun. Als Mensch mit Behinderung hat der Sport für mich eine besondere Bedeutung. Und für die Menschen, mit denen ich Kurse gestalte, ist es sicher wichtig, dass auch ich auf andere angewiesen bin.

Erlauben Sie mir hier eine kurze Anmerkung zur Bezeichnung »Mensch mit Behinderung«: Die Unterscheidung der Menschen in Menschen mit und ohne Behinderung ist von Menschen erdacht. Prinzipiell haben alle Menschen Grenzen und Gaben. Einige aber weichen vom Durchschnitt der Bevölkerung ab und werden dann behindert genannt. Dieser Durchschnitt, diese Norm wird von Menschen definiert. Ist ein Brillenträger sehbehindert? Wir definieren, ab welcher Sehschwäche er einen Behindertenausweis bekommt. Korrekt müssen wir also von »so definierten Menschen mit Behinderung« sprechen.

Übrigens, es geht mir nicht darum, mich und mein Leben als Modell darzustellen im Sinne von »Schaut her, wie ich es mache, und tut es ebenso!«. Nein, weder bin ich immer stark, noch ist in meinem Leben alles optimal verlaufen. Vielmehr geht es mir um eine perspektivische Sicht auf die Dinge. Wenn Sie so wollen um eine Stellungnahme, ein Bekenntnis. Aber ich muss natürlich auch zugeben: Ich erzähle lieber Geschichten, in denen ich gut wegkomme. Ich habe nämlich auch ein Bedürfnis nach Anerkennung, und wenn ich mich schon selbst präsentieren kann, dann zeichne ich freilich ein eher positives Bild von mir.

Nun, inwieweit hat mein Leben mich geprägt? Ich erzähle Ihnen kurz und knapp, wer ich bin und was ich mit dem Thema meines Buches zu tun habe.

2.1 Leben mit einer Behinderung

Vermutlich ist die Tatsache, dass ich 1965 mit zwei zu kurz geratenen Armen und einem verkürzten rechten Oberschenkel geboren wurde, das prägende Ereignis meines Lebens. Zwar hat meine Behinderung zu verschiedenen Zeiten meines Lebens sehr unterschiedliche Bedeutung für mich gehabt, aber sie war permanent da und hat stets eine Rolle gespielt. Ich möchte an dieser Stelle nicht mehr als nötig darüber schreiben, denn alles, was ich dazu zu sagen habe, habe ich bereits in meinem ersten Buch »Lieber Arm ab als arm dran« geschrieben.

Welche Erfahrungen habe ich aufgrund meiner Behinderung gemacht?

Begrenzte Fähigkeiten
Die ersten sechs Jahre meines Lebens habe ich kaum über meine Behinderung nachgedacht. Ich war, wie ich war – und gut! Ich habe nicht mich erkundet, sondern meine Umwelt. Und die hatte einiges zu bieten. Ich war im 450-Seelen-Dorf Gaderoth, etwa 60 km östlich von Köln, zu Hause und dort vollkommen integriert. Gemeinsam mit den anderen Kindern im Dorf bin ich spielend gewachsen

und stärker geworden. Da gab es Wiesen und Felder, Bäche und Wälder, Pferde und Kälber. Vieles wartete nur darauf, von mir entdeckt zu werden. Und meine eigenen Fähigkeiten wuchsen von Woche zu Woche. Apropos Fähigkeiten. Es gab natürlich auch manche Unfähigkeit. Ich konnte zum Beispiel nicht besonders schnell laufen. Das ist blöd als kleiner Junge. Wenn ich gerade jemanden geärgert hatte und es vielleicht sogar ein klitzekleinwenig übertrieben hatte, dann wäre ich gerne weggelaufen (meine Chancen für einen Boxkampf schätzte ich gering ein). Auch Völkerball wollte nicht so recht zu meiner Lieblingsfreizeitbeschäftigung werden. Statt den Ball zu fangen, stoppte ich ihn nur allzu oft mit dem Gesicht und war dann draußen. Es gab aber auch Dinge, in denen ich ganz groß war. Neben unserem Haus war eine Teppichstange, an die auch eine Schaukel gehängt werden konnte. Oder ein Kind. Freiwillig natürlich! Das Spiel ging so: Man hielt sich mit beiden Händen fest und wer am längsten hängen konnte, hatte gewonnen. Das war eigentlich immer ich. Denn ich klemmte die Stange unter die Schultern und hätte ewig dort baumeln können.

Meine Behinderung verhinderte nicht die Freude an meinen Fähigkeiten und an meinem Interesse für die Welt. Hin und wieder aber stand ich in der Gefahr, mich mit anderen zu vergleichen, und dann zog ich oft den Kürzeren. Das kann das eigene Ego ganz schön kränken, wenn die anderen es stets höher, schneller, weiter schaffen. Wie werde ich stark, wenn ich doch begrenzt bin? Was brauchen Menschen, die sich als zu schwach, zu dumm, zu langsam, oder, ganz allgemein formuliert, als zu wenig fühlen?

Angewiesen sein

Wer mit einer außergewöhnlichen Begrenzung (= Behinderung) lebt, der ist stärker auf andere Menschen angewiesen. Und das ist kein schönes Gefühl.

Wälder sind spitzenklasse. Sie verführen kleine Jungs geradezu, die Zeit zu vergessen und auf einmal weit weg von zu Hause zu sein. Und dann stellten wir schlagartig fest, dass wir alle gleichzeitig unheimlich nötig pinkeln mussten. Die anderen Jungs standen flugs am Baum, während ich meinen Bruder bitten musste, mir zu helfen (der stand aber auch schon am Baum). Wir sind dann ein wenig abseits gegangen, so konnte ich die für mich peinliche Situation besser ertragen. Aber zum Glück gab es meinen Bruder. Hätte ich einen meiner Freunde fragen müssen, wäre das viel unangenehmer gewesen. Mein Bruder hatte für meine Gefühle ein gutes Gespür. Er war bemüht, mir so zu helfen, dass es für mich erträglich war.

Meine Behinderung brachte das Gefühl der Unselbstständigkeit, ja manchmal der Hilflosigkeit mit sich. Es kann das eigene Ego ganz schön kränken, wenn man stets auf andere angewiesen ist. Wie werde ich stark, wenn ich von anderen abhängig bin? Und wie mache ich den Menschen stark, der von mir abhängig ist? Dieses Buch ist darum auch für alle die Menschen geschrieben, die Verantwortung für Menschen tragen, die im hohen Maße von ihnen abhängen: Eltern, Lehrer/innen, Pflegekräfte usw.

Ausgrenzung – bin ich normal?

Leben mit einer Behinderung stellt die Frage nach der Normalität. Als ich sechs Jahre alt war, wurde ich in eine Sonderschule für Körperbehinderte eingeschult. Meine Eltern hatten mir erklärt, ich müsse in eine besondere Schule, weil ich ja ein besonderes Kind wäre und kurze Arme habe. Und schließlich sei ich ja auf Hilfe angewiesen. Das fand ich plausibel. Ich konnte noch nicht alleine zur Toilette gehen und da wäre eine Schule, in der es helfende Menschen gäbe, genau die richtige. Andererseits war mir die Sonderschule auch ein Rätsel. Ich war doch immer schon ein besonderes Kind und als solches mit meinen normalen Freunden zusammen gewesen, die ich im Übrigen auch als etwas Besonderes empfand. Warum sollte das in der Schule anders werden? Und gab es denn in der normalen Schule niemanden, der mir helfen könnte? Seltsam für eine Schule, dachte ich. Nun gut.

Am ersten Schultag fuhren mich meine Eltern zur Schule. Ich kam auf den Schulhof und sah einen Jungen, der im Rollstuhl saß. Ich bekam den Mund nicht zu und starrte ihn an. Was für ein sonderbarer Junge! Bringt seinen eigenen Stuhl mit in die Schule, sind auch noch Räder dran, sehr seltsam. Der Nächste, den ich zu Gesicht bekam, war lang und schlaksig und ging x-beinig zappelnd. Heute weiß ich, er war spastisch gelähmt. Damals dachte ich, ich sei soeben dem Erfinder des Breakdances begegnet. Und so ging das weiter. Ein Kind nach dem andern tauchte auf und mutete mich seltsam an. Ich habe ziemlich viel geweint an meinem ersten Schultag. Es kam mir vor, als sei ich in ein Gruselkabinett eingeschult worden. Verzeihen Sie mir meine scheinbar respektlosen und flapsigen Bemerkungen, aber ich litt unter einem Kulturschock. Nie zuvor hatte ich einen behinderten Menschen gesehen und jetzt waren plötzlich überall welche. Nun werden Sie vielleicht sagen, ich sei doch selbst behindert. Stimmt, aber ich habe mich in den ersten sechs Jahren meines Lebens nicht behindert gefühlt. Ich habe nur gewusst, dass ich anders bin. Gefühlt habe ich: ich bin normal!

In den ersten Tagen nach meiner Einschulung habe ich mich dann oft im Spiegel angesehen. Und immer wieder habe ich meinen Eltern erzählt, dass ich kurze Arme habe (als wenn die das noch nicht bemerkt hätten). Damals wurde aus dem Wissen ein Gefühl. Und das war kein gutes Gefühl. Mir war bewusst: Ich bin auf einer Schule für Problemkinder, einer Sonderschule für Sonderlinge. Wenn mich jemand gefragt hat, auf welche Schule ich gehe, habe ich immer geantwortet: »Auf die Grundschule Kleineichen«. Ich habe es vermieden kundzutun: Ich gehe auf eine »Sonderschule für Behinderte«. Mir war instinktiv klar: Diese Schule ist keine Eliteschule. Noch vor meiner ersten Unterrichtsstunde hatte ich in der Schule bereits etwas gelernt (das können nicht alle von sich behaupten), nämlich: Ich bin behindert und gehöre ab sofort in eine Sonderwelt.

Zum Glück habe ich aber recht schnell noch eine zweite Lektion in meiner Schule gelernt. So seltsam, wie ich anfangs dachte, waren diese anderen Kinder gar nicht. Im Gegenteil, je länger ich sie kannte, desto normaler kamen sie mir vor. Der Junge im Rollstuhl zum Beispiel kam in dieselbe Klasse wie ich und saß sogar neben mir. Eines Tages kam er auf eine glorreiche Idee. Er spitzte seinen Bleistift gründlich an und rammte diesen unvermittelt in meinen linken Oberschenkel. Prompt brach die Spitze ab und ich musste zum Schulsanitäter. Wenigstens habe ich den Mann im Kittel für einen solchen gehalten. Dieser hat mir die Bleispitze aus dem Bein geholt, was ebenso schmerzhaft war wie der Akt des Hineinstechens. Sehr zu meiner Freude hatte mein Klassenkamerad allerdings völlig vergessen, dass er drei Tage zuvor auch die andere Seite des Bleistifts angespitzt hatte. Und diese Spitze hing nun in seiner Handfläche. Wir waren also gemeinsam beim Schulsanitäter. Sie sehen: Ganz normale Kinder in dieser Schule.

Vielleicht werden Sie einwenden, ich könne doch froh sein, auf eine Sonderschule gegangen zu sein. In einer Regelschule wäre ich vermutlich ausgelacht worden. Das mag sein, aber ich glaube es nicht. Viele meiner Freunde wurden im selben Jahr wie ich eingeschult. Die hätten mich eher vor fremden Kindern in Schutz genommen, als mich auszulachen. Außerdem gab es eine Zeit, da wurde ich auch in der Sonderschule ausgelacht. In den Ferien von der dritten zur vierten Klasse bekam ich als erster Junge meiner Klasse eine Brille. Ein ausgesucht schickes Modell aus Horn. Zugegeben, ich sah aus wie Puck, die Fliege aus Biene Maja. Dennoch war ich verletzt, als meine Brille zum Anlass genommen wurde, mich auszulachen. Ohne Witz, die Kinder der Sonderschule für Körperbehinderte haben mich eine Zeit lang als Brillenschlange verhöhnt! An meinen kurzen Armen hat niemand Anstoß genommen.

Einen zweiten negativen Effekt brachte die Einschulung in eine Sonderschule mit sich. Sie war weit weg von meinem Heimatdorf und zudem eine Ganztagsschule. Jeden Morgen wurde ich um sechs Uhr vom Arbeiter-Samariter-Bund per Kleinbus abgeholt und kam abends erst gegen

17.15 Uhr wieder zu Hause an. In den Wintermonaten sah ich meine Freunde nur noch selten. Zuerst verloren wir die gemeinsamen Interessen, denn ich konnte bei vielen Dingen nicht mehr mitreden. Dann verlor ich mit der Zeit den Kontakt zu vielen Kindern. Separation und deren Überwindung ist daher bis heute für mich ein wichtiges Thema.

Meine Behinderung führte zu Ausgrenzungserfahrungen. Nein, hier muss ich genauer formulieren: Meine Behinderung wurde zum Anlass genommen, mir Ausgrenzungserfahrungen angedeihen zu lassen. Das hätte nicht zwangsläufig so sein müssen. Heute kenne ich Schulen, an denen Kinder, ganz gleich ob behindert oder nicht behindert, Deutsche oder Kinder anderer Nationalität, hochintelligent oder einfach begabt gemeinsamen Unterricht genießen. Davon wird noch zu sprechen sein. De facto führte meine Behinderung zur Einweisung in eine Sonderwelt. Keine schlechte Sonderwelt, denn meine Schule war super, aber doch eine Welt, getrennt von der »normalen« Welt. Es tut weh, wenn man gesagt bekommt, ein Sonderling und Problemkind zu sein. Wie werde ich stark, wenn ich in eine ungeliebte Sonderrolle gerate? Und wie müssen wir mit der Verschiedenheit der Menschen umgehen, dass diese nicht allzu viele Kränkungen erfahren?

Vielleicht haben Sie beim Lesen der letzten Seiten hin und wieder gedacht: Solche Erfahrungen machen doch viele Menschen, nicht nur Menschen, die als behindert angesehen werden. Das stimmt, es sind Grundthemen unseres Menschseins:

Bin ich gut (genug)? Reichen meine Fähigkeiten mir und

anderen? Wie kann ich in Abhängigkeiten leben und zugleich frei sein? Bin ich normal, gehöre ich dazu?

Ich schreibe dieses Buch darum auch für Menschen, die mit ihren eigenen Begrenzungen schlecht leben können. Die sich zuweilen – oder oft – minderwertig, klein, unfähig, eben schwach fühlen.

2.2 Referent am Pädagogisch-Theologischen Institut in Bonn

Gerade habe ich über meine Behinderung und meine Schulzeit geschrieben. Lauter Erlebnisse aus meiner Kindheit. Beide Themen kommen aber auch in meinem Erwachsenenleben vor. Ja, in meinem Beruf habe ich sie vereint.

Von Beruf bin ich evangelischer Pfarrer. Seit Oktober 2005 arbeite ich am Pädagogisch-Theologischen Institut (PTI) in Bonn, einem Aus-, Fort- und Weiterbildungsinstitut der Evangelischen Kirche im Rheinland. Als Referent im Arbeitsbereich »Integrative Gemeindearbeit« verantworte ich unter anderem Seminare für die so definierten Menschen mit geistiger Behinderung.

Wenn ich Seminare gestalte, dann möchte ich die Menschen nicht von ihrem Defizit her verstehen, sondern ihre Talente in den Blick nehmen. Ich will es an einer kurzen Situation verdeutlichen, die ich im PTI erlebt habe.

Wir hatten ein Wochenendseminar im Haus. Zeitgleich veranstaltete die Evangelische Akademie, die sich ebenfalls im Haus befindet, eine große Tagung. Zu Gast bei der Tagung war auch ein junges Ehepaar mit seinem etwa dreijährigen Sohn. Gegen 16.30 Uhr trafen sich beide Gruppen zur gemeinsamen Kaffeepause im Foyer. Der kleine Kerl fühlte sich zwischen den großen Leuten ganz wohl, bis ihm plötzlich auffiel, dass er seine Eltern nicht mehr sehen konnte. Er hielt inne, blickte sich um, sah nur Fremde und sein Gesicht verriet: »Ich fühle mich schrecklich allein gelassen.« Das bemerkte neben mir auch noch ein freundlicher älterer Herr. Der sprach den Kleinen mit seiner sonoren Stimme an: »Suchst du deine Eltern? Die sind bestimmt hier irgendwo.« Gut gemeint, aber irgendwie hat es nicht hingehauen, dem Kleinen seine Sorgen zu nehmen. Sein Gesicht wurde immer verzagter und es würde nur noch wenige Augenblicke dauern, bis er anfinge zu weinen. Zum Glück war da auch noch Klaus, ein junger Mann aus unserem Kurs mit so definierten Menschen mit geistiger Behinderung. Der ging auf ihn zu und setzte sich im Schneidersitz vor den Kleinen. Er streckte ihm die Hand hin und sagte: »Ich bin Klaus, ich bin hier in einem Seminar. Wir haben heute getanzt. Wie heißt du?« Der Junge schüttelte vorsichtig die Hand: »Ich heiße Lukas.« Darauf Klaus: »Lukas, aaaha! Was machst du hier, Lukas?« Erst da fiel es Lukas wieder ein, dass er ja seine Eltern suchte. »Meine Eltern sind hier und haben mich mitgenommen. Aber jetzt sind sie weg.« Darauf erhob sich Klaus mühsam und erklärte, er werde die Eltern suchen. »Achtung, Achtung! Ich suche Eltern.« Alle sahen sich um und waren amüsiert. Die Hände zum Trichter vor den Mund geformt, tönte Klaus erneut: »Der kleine Lukas sucht seine Eltern. Achtung, Achtung!« Das gefiel Lukas, der nun seinerseits die Hände vor den Mund legte und rief: »Achtung, Achtung, meine Eltern sind weg. Bitte suchen!« Nach kurzer Zeit wurden die Eltern gefunden und ich habe mich köstlich amüsiert. Was heißt hier schon geistig behindert? In dieser Situation zeigte sich Klaus als hoch begabt, nämlich sozial begabt. Begrenzt einerseits, begabt andererseits. In diesem Buch erzähle ich, wie wichtig es für Menschen ist, dass sie nicht als unfähig und begrenzt betrachtet und behandelt werden, sondern als kompetente und fähige Mitmenschen (auch wenn sie im Vergleich mit anderen schlechter abschneiden). Die stärker eingeschränkten Menschen liegen mir verständlicherweise besonders am Herzen.

2.3 Spielend lernen – Schule

Kennen Sie Kinder, die an der Schule verzweifeln? Kinder, die Angst vor dem Sitzenbleiben und schlechten Noten haben? Kinder, die den Unterricht hassen, weil sie nicht mithalten können und sich als Versager fühlen? Ich treffe immer wieder solche Kinder und habe selbst welche in meinem privaten Umfeld. Schulangst gehört neben der Angst vor einer möglichen Scheidung der Eltern zur häufigsten Angst bei Kindern. Angst macht Menschen schwach. Menschen, die sich fürchten, verlieren Lebensfreude. Gerade Kinder müssen aber gestärkt werden. Denn in der Kindheit entscheidet sich, ob wir uns dem Leben gewachsen fühlen. Was können Eltern, was können Lehrerinnen und Lehrer tun, damit die Kinder erleben: Ich kann was und ich bin wer. Was brauchen vor allem die Kinder, die keine Topleistungen bringen, ja, nicht bringen können?

Dieses Buch ist auch für Schulpolitiker. Neben meiner Seminartätigkeit im Pädagogisch-Theologischen Institut in Bonn besuche ich oft Schulen. Ich möchte den Schülerinnen und Schülern nahebringen, wie das ist, mit einer Behinderung zu leben. Bei solchen Schulbesuchen fällt es immer wieder einigen Kindern auf, dass an ihrer Schule niemand mit kurzen Armen ist. Warum eigentlich nicht, wenn es doch »ganz normal ist, anders zu sein« (Zitat von Richard von Weizsäcker)? Die Kinder formulieren damit eine Frage, die in der derzeitigen Schulstrukturdebatte heftig diskutiert wird. Wie lernen Kinder am meisten? Müssen wir sie in Leistungsgruppen aufteilen oder sollten alle gemeinsam auf dieselbe Schule gehen? Eine Lehrerin erzählte mir von einem Mädchen, die nach einem Unfall querschnittsgelähmt war. Dieses Mädchen musste die dritte Klasse und damit alle ihre Freundinnen und Bezugspersonen verlassen und eine Förderschule besuchen. Zu den körperlichen Schmerzen kam ein stechender Trennungsschmerz, den übrigens auch ihre Klasse fühlte. Brauchen wir ein mehrgliedriges Schulsystem oder gibt es Alternativen? Diese Frage interessiert mich sehr. Ich persönlich träume ja von einer Schule für alle.

2.4 Spielend gewinnen – Tischtennis

Im Sommer 1977 machte unsere Familie Urlaub in einem kleinen Dorf in Österreich. Ich verstehe bis heute nicht, warum ausgerechnet wir, die wir doch aus einem Bauerndorf kamen, Urlaub auf dem Bauernhof machten. In diesem Dorf gab es eine Rutsche und eine Tischtennisplatte. Zwei Wochen rutschen ist doof, also spielten alle Kinder Tischtennis. Ich habe es auch versucht, aber ich konnte den Schläger mit meinen kurzen Armen kaum festhalten. Traurig gab ich auf und schaute fortan zu, wenn die anderen spielten, oder betätigte mich als Schiedsrichter. Ich konnte zwar nicht Tischtennisspielen, aber ich war dennoch wichtig, denn als Schiedsrichter ist man eine Respektsperson. Ein Urlaubsgast band mir dann einen Schläger an den Arm. Was für eine großartige Idee! Fortan brachte mir der Tischtennissport ein Erfolgserlebnis nach dem anderen. Und damit meine ich nicht, Spiele zu gewinnen. Bis es so weit war, hat es lange gedauert. Ich meine das Gefühl, langsam besser zu werden. Nach ein paar Tagen konnte ich so zielen, dass ich vorher wusste, ob der Ball nach links oder nach rechts ging. Mein Aufschlag war anfangs so: Ich ließ den Ball auf die Platte fallen und spielte ihn dann über das Netz auf die andere Seite. Ein paar Tage später hatte ich einen korrekten Aufschlag gelernt. Vom Schläger auf die eigene Seite, dann über das Netz auf die andere Seite.

Aus dem Urlaub zurück, wollte ich unbedingt in einen Tischtennisverein. Gemeinsam mit meinem Cousin Frank brachte uns mein Vater zum TTG Homburg. Ich hatte ganz schön Bammel, weil ich befürchtete, die anderen würden mich entweder auslachen oder zumindest nicht mitspielen lassen. Aber da ja Frank dabei war, hatte ich schon mal einen Spielpartner. Als eine Platte frei wurde, spielten wir – einfach nur so zum Spaß, denn Frank war deutlich besser als ich. Danach nahmen wir wieder auf der Bank Platz und für mich war klar, der Trainingsabend ist vermutlich gelaufen. Warum sollte man einen Anfänger wie mich, noch dazu einen Neuen, zum Spiel auffordern? Einige Zeit später und sehr zu meiner Überraschung fragte mich ein Junge, ob ich mit ihm spielen wolle. »Klar«, sagte ich fröhlich und fühlte mich geehrt. In den nächsten Wochen und Monaten wurde Tischtennis für mich zur Leidenschaft. Ich lernte immer neue Schläge: Topspin, Block, Schnittball, Heber, Schmetterball usw. In meinem Tempo und ohne Druck, dafür aber mit viel eigener Motivation lernte ich spielend zu gewinnen. Ja, eines Tages gewann ich sogar mein erstes Spiel. Nach vielen vergeblichen Versuchen konnte ich endlich auch ein echtes Spiel gewinnen. Freudestrahlend erzählte ich meinem Vater, der uns vom Training abholte, von meiner überragenden Leistung. Gut, gegen meinen Cousin Frank hatte ich noch lange keine Chance, aber das hat mir nichts ausgemacht. Ich war in meinen Augen trotzdem ein Gewinner.

Und über die Jahre gewann ich immer öfter. Bis in die zweite Jugendmannschaft hatte ich mich hochgearbeitet. Es kam sogar der Tag, an dem ich Frank, meinen langjährigen treuen Trainingspartner, besiegen konnte. Die Freude am Wachsen meiner Fähigkeiten hielt an.

Da sah mich eines Tages ein Tischtennisspieler aus einem Nachbarverein und sprach mich an: »Weißt du, dass es eigene Wettkämpfe für Menschen mit Behinderung gibt? Ich bin in einem Behindertensportverein und wenn du Lust hast, nehme ich dich mal auf ein Turnier mit.« Und ob ich Lust hatte. Bislang hatte ich nur gegen Langärmer gespielt. Ein Turnier, wo andere Spieler ähnliche Handicaps wie ich hatten, schien mir sehr reizvoll. »Dann finde ich heraus, wie gut ich in echt bin«, dachte ich bei mir. Meine Hoffnung, ich sei im Behindertensport bereits eine Größe, wurde beim ersten Turnier zunichtegemacht. Aber ich erfuhr, dass es sogar internationale Meisterschaften gab. Und als mich die damalige Bundestrainerin nach einem Tischtennisturnier zu einem Sichtungslehrgang der Nationalmannschaft einlud, war ich vollends Feuer und Flamme. Es folgten viele Jahre Training. Inzwischen habe ich 25 Jahre internationalen Tischtennissport hinter mir, bin mehrfacher Welt- und Europameister geworden und habe einmal sogar die Paralympics gewonnen. Manchmal werde ich gefragt, ob ich das harte Training nicht satt hätte. »Nein«, antworte ich dann, »meistens macht es sogar richtig Spaß. Und wenn ich mehrere Tage nicht spielen kann, werde ich ganz kribbelig. Okay, ich strenge mich an, konzentriere mich und manchmal verausgabe ich mich sogar. Aber ist das Training deswegen hart?« Heute bin ich überzeugt, nur wer etwas leidenschaftlich gerne macht, kann Höchstleistungen erbringen.

Völlig klar, dass ich in diesem Buch aus meinem Leben als Leistungssportler erzählen muss. Sport ist bis heute für mich ein guter Lebensraum, um Menschen Erfolgserlebnisse zukommen zu lassen. Zugleich wird Sport aber auch gefürchtet. Viele verbinden mit ihm Kränkungserfahrungen und Scheitern. Das kann ich gut verstehen. Sie wissen ja, Völkerball war für mich geradezu das Gegenteil von Tischtennis. Und mit dem Sport verbunden ist häufig, nicht zwangsläufig, der Wettkampfgedanke, die knallharte Konkurrenz. Viele Reporter fragen mich darum auch, wie Leistungssport und Nächstenliebe zusammenpassen.

Wie ist Sport zu gestalten, dass alle Menschen in ihm einen stark machenden Lebensraum finden? Wie entfalte ich meine Talente und wachse über mich hinaus? Worin unterscheiden sich Trainingsweltmeister (Athleten, die im Training sensationell spielen, unter dem Druck des Wettkampfes aber nie ihre Leistung erbringen) von Weltmeistern (Athleten, die ihre Bestleistung im Wettkampf bringen)? Was brauchen Menschen, um Niederlagen zu verkraften, und was hilft im Scheitern?

2.5 Das Leben gewinnen – Gott macht stark

Ich bin in dem Vertrauen aufgewachsen, Gott ist an meiner Seite. Meine Mutter hat jeden Abend mit mir und meinen Geschwistern gebetet. Wir haben Gott für unser Leben und den gelebten Tag gedankt. Wir haben für Menschen gebetet, die Unterstützung brauchen und denen es schlecht geht. Und schließlich haben wir uns Gott für die Nacht anvertraut. So ist in mir das Grundvertrauen gewachsen, Gott ist an meiner Seite und Gott kümmert sich um mich und andere Menschen. Ich lebte und lebe in der Überzeugung, ich bin wer. Und zwar für meine Eltern, für meine Geschwister, für meine Freunde und sogar für Gott. »Ich bin wer« hieß »ich bin wertvoll, geliebt und geachtet«.

Heute weiß ich, wie wichtig dieses von Anfang an empfundene Grundgefühl für Menschen ist. In unseren Kindertagen wird der Grund gelegt, auf dem wir später stehen. Bekommen junge Menschen permanent vermittelt, sie seien mangelhaft, sie seien es nicht wert, geliebt und umsorgt zu werden, so glauben sie das und übernehmen diese Sichtweise. Am Anfang des Lebens entscheidet sich viel.

Für mich heißt an Gott glauben, ich setze mein Vertrauen auf Gott und Gott setzt sein Vertrauen auf mich. Die Bibel enthält unglaublich viele Geschichten, die von menschlichen Grunderfahrungen sprechen. Erfahrungen, die Menschen zu allen Zeiten, immer wieder und überall machen. Mir bedeuten diese Erzählungen viel, denn ich erkenne mich in ihnen wieder. Darum stelle ich in diesem Buch immer wieder Bezüge zu biblischen Texten her. Sie müssen aber nicht erschrecken. Ich versuche weder, Sie zu bekehren, noch benutze ich eine »fromme« Sprache, die nur Menschen verstehen könnten, die dem christlichen Glauben zugetan sind. Im Gegenteil, ich neige eher dazu, biblische Texte sehr drastisch, manchmal salopp nachzuerzählen. Das hat seinen Grund in der oft krassen Erzählweise der Ursprungstexte, die sich gegen jede harmlose Sprache zur Wehr setzen.

Kirche und Glaube sind für mich ein weiterer Lebensraum, aus dem ich schöpfe. Sollten Sie partout nichts damit am Hut haben, können Sie diese Passagen auch beiseitelassen. Das Buch ist trotzdem verständlich.

2.6 Ich erzähle (nur) Geschichten

Sie haben es längst gemerkt: Dieses Buch ist ein Geschichtenbuch. Es gibt mehrere Gründe für mich, dieses Buch mit erlebten Situationen anzureichern.

Erstens: Meine Geschichten sollen Sie einladen, an eigene Erfahrungen zu denken. Was ich beim Lenkdrachen-fliegen erlebt habe, kennen Sie doch aus Ihrem Leben. Manches, was Sie lesen werden, wird Ihnen plausibel erscheinen. Einigem werden Sie widersprechen wollen. Und die eine oder andere Geschichte wird Sie gefühlsmäßig berühren.

Wer Untersuchungen und Statistiken anführt, der stellt ein Thema in einer Fachwelt zur Diskussion. Antworten kann dann nur, wer sich in der Materie auskennt. Wer Geschichten erzählt, der schreibt für jedermann und jede Frau. Genau das will ich. Wenn es um das Thema »stark werden und das Leben gewinnen« geht, dann sind wir alle gefragt.

Zweitens: An Geschichten und Anekdoten werden Sie sich erinnern! Die werden in Ihrem Kopf sein, wenn Sie meine Thesen und Sachaussagen längst vergessen haben. Unser Hirn ist nämlich hemmungslos konkret und bildhaft. Sobald ich eine kleine Szene erzähle, wird diese vor Ihrem geistigen Auge erscheinen.

Drittens: Sie werden sich nicht nur erinnern, sondern Sie werden mich auch besser verstehen. Oder anders herum: Ich kann mich besser verständlich machen. Abstrakte Sätze sind schwerer verständlich als konkrete Erzählungen.

Viertens: Dieses Buch ist ein Beziehungsbuch. Als Mensch, den man als Mensch mit Behinderung ansieht, weiß ich, wie entscheidend das Verhalten von anderen Menschen zu mir mein Lebensgefühl prägt.

Als ich für mein erstes theologisches Examen lernte, saß ich in einem Park im Grünen auf einer Bank mit Tisch davor. Ich hatte das Lernen unterbrochen und soeben meinen

Proviant verspeist. Da kam eine nette ältere Dame und wollte mir eine Mark in meine noch offene Tupperdose legen. Ein seltsames Gefühl beschlich mich. Machte ich einen so heruntergekommenen Eindruck? Ich betrachtete mein T-Shirt und spielte mit der Idee, dieses nach diesem Erlebnis wegzuschmeißen. Eine halbe Stunde später, ich hatte mein Laptop wieder vor mir, sprach mir ein anderer Passant seine Bewunderung aus. Es lag nicht am T-Shirt, entschied ich, und habe es noch einen weiteren Sommer getragen.

Was in und durch Beziehungen geschieht, kann ich nur erzählen.

Es gibt noch einen letzten Grund, Geschichten zu erzählen: Und der ist schlicht: Ich liebe es! Es macht mir wahnsinnig viel Spaß. Ich habe als Pfarrer in meiner ersten Gemeinde drei Jahre lang wöchentlich Kindergartengottesdienste verantwortet. Dort habe ich geübt, Geschichten zu erzählen. Da ich im Umgang mit Handpuppen nicht ganz so geschickt bin, habe ich versucht, mit Stimme und Mimik zu erzählen. Anfangs war ich ziemlich nervös. Aber als ich merkte, dass die Kinder zuhörten, wurde ich mutiger. Und heute halte ich keinen Vortrag mehr ohne Geschichten.

Unbedingt erwähnen möchte ich, dass ich allen Menschen, deren Geschichten hier öffentlich gemacht werden und die namentlich erwähnt sind, meine Texte vorgelegt habe und diese ihr Einverständnis zur Veröffentlichung gegeben haben. Manche Geschichten sind aber anonymisiert oder ich nenne den Akteur Klaus. Das sind die Geschichten, bei denen ich vermeiden möchte, dass irgendjemand

Rückschlüsse auf die geschilderten Personen ziehen kann, oder ich keinen Kontakt mehr zu den Menschen habe.

Übrigens, dieses Buch ist aus einer ganzen Reihe von Vorträgen entstanden. Mein Vater behauptet, ich würde erst reden und dann denken. Ich sehe es lieber so: Erst spreche ich, dann schreibe ich, denn Reden ist Silber, Schreiben ist Gold.

3. Warum dieses Buch?

Warum habe ich das Buch geschrieben? Niemand hat mich überredet oder gar gezwungen, dieses Buch zu schreiben. Was ist mir so wichtig, dass ich viel Zeit, viel Kraft und manchmal auch viele Nerven aufgewendet habe, um diese Zeilen zu notieren? Was war meine Motivation? »Okay«, mögen Sie vielleicht sagen, »was geht mich das an? Hauptsache, er hat es geschrieben und ich kann es jetzt lesen.« Ich will es Ihnen trotzdem erzählen, denn damit bin ich wieder mitten im Thema.

3.1 Warum habe ich das Buch geschrieben?

Warum habe ich das Buch geschrieben? Darf ich ehrlich sein? Ich habe das Buch vor allem aus völlig egoistischen Gründen geschrieben. Nein, nicht weil ich dadurch reich und berühmt werden will. Das wäre zwar nicht das Schlechteste, muss aber nicht sein. Mehr Geld und noch mehr Öffentlichkeit würden bestimmt meinen Charakter verderben.

Die Antwort lautet schlicht: Das Buch soll mich glücklich machen! Ja, mich, nicht Sie. Gut, wenn es Sie ein wenig glücklich macht, soll mir das recht sein, aber davon bekomme ich vermutlich wenig mit.

Ich denke, meine Hoffnung ist begründet, denn schon einmal hat mich das Schreiben eines Buches tief erfreut. Vor vier Jahren kam ich auf die fixe Idee, aus einer ganzen Reihe von Vorträgen, die ich gehalten hatte, ein Buch zu machen. Vorträge zu Themen wie »Grenzen haben – erfüllt leben« oder »Will Gott, dass es Menschen mit Behinderung gibt?«. Drei Monate habe ich tagsüber getippt und abends Tischtennis gespielt (ich bereitete mich gerade auf die Paralympics in Athen vor). Manches Mal war ich so weit, aufgeben zu wollen, weil mir einfach keine Formulierungen einfielen. Dann gab es Tage, da schrieb ich zehn oder mehr Seiten wie am Fließband. Dann war das Manuskript vollendet. Ein unglaubliches Glücksgefühl durchströmte mich. Tagelang war ich gefüllt mit Endorphinen und konnte mich kaum beruhigen. Abends bin ich mit einem Grinsen auf dem Gesicht eingeschlafen. Ich hatte ein Buch geschrieben, wow. Vermutlich waren es zwei Dinge, die mich so begeisterten. Einerseits fiel mir eine Last von der Seele. Ein wichtiges Projekt mit vielen Mühen und großen Anstrengungen war geschafft. Es war wie nach meinem Abitur. Endlich kein Lernstress mehr, das ist befreiend. Ohne vorherige Anstrengung, so scheint mir, gibt es keine Freude an der eigenen Leistung. Das ist wie beim Tischtennis. Ein Sieg ist erst dann schön, wenn ich richtig kämpfen musste und alles gegeben habe. Andererseits hatte ich das Gefühl, ein wirklich lesenswertes Buch zustande gebracht zu haben. Ich war mit meiner Leistung zufrieden und auch das ist ein gutes Gefühl gewesen. Ohne diese Zufriedenheit hätte ich das Ende der Anstrengungen nicht so genießen können. Nun gut, schnell mischten sich Zweifel in meine Gefühle. Ob mein Werk auch anderen Menschen gefallen würde? Was werden Freunde und Bekannte sagen? Bekäme ich Anerkennung oder eher ein mitleidiges »Na, immerhin hast du ein Buch geschrieben« zu hören? Und würde sich das Buch verkaufen oder hatte ich einen Ladenhüter produziert? In meine Freude über das vollendete Werk mischte sich die Sorge, andere Menschen könnten diese Freude mit Kritik und negativer Bewertung zerstören.

Dann schickte mir der Verlag die ersten Exemplare zu. Aus dem Computerdokument war ein gedrucktes Buch geworden. Auf dem Cover mein Name, mein Bild, mein Titel. Nun konnte ich das Buch anfassen und in den Händen halten. Also, um genau zu sein, ich konnte es »umarmen«. Das war aber genauso gut. Stolz verschenkte ich das erste Exemplar an meine Eltern.

Wenn Sie aufmerksam gelesen haben, werden Ihnen Parallelen zwischen der Buchschreibegeschichte und dem eingangs geschilderten Kyteerlebnis aufgefallen sein. Wieder ging es um ein Erfolgserlebnis und wieder spielten die Reaktionen der Menschen um mich herum eine wichtige Rolle. Anders ist aber, dass es sich beim Kyten um eine reine Freizeitbeschäftigung handelt. Im schlimmsten Fall kann der Lenkdrachen kaputt gehen. Ein Buch zu schreiben, ist eine viel ernstere Angelegenheit. Es steht viel mehr auf dem Spiel für den Autor. Dieses Buch erzählt auch davon, wie Menschen so stark werden, dass sie vor 12.000

Zuschauern ein Tischtennisspiel wagen, ohne sich in die Hosen zu machen. Mein Titel deutet es an. Es geht um das Leben, darum, dass wir es bewältigen, und nicht, dass es uns überwältigt. Es geht um Lebenskraft und woher wir sie bekommen.

Sind Sie jetzt enttäuscht? Hatten Sie gehofft, ich hätte dieses Buch vor allem für Sie geschrieben? Schließlich bin ich ja Pfarrer und von denen darf man doch wohl mit Recht annehmen, dass sie bemüht sind, sich um das Wohl anderer Menschen zu sorgen (wenn nicht gar, die Welt zu verbessern). Sie haben Recht, ich habe das Buch auch für Sie geschrieben. Und ich hege die leise Hoffnung, Sie könnten einen Gewinn davon haben!

3.2 *Was wünsche ich mir für Leserinnen und Leser[2] des Buches?*

Vielleicht werden Menschen das Buch lesen, die sich zurzeit schwach fühlen, die entmutigt, gefrustet und gekränkt sind. Für Sie habe ich zwei Anliegen. Zum einen: Ich möchte Sie entlasten! Oft sind es Umstände, Lebenssituationen oder Menschen, die uns das Leben schwer machen und uns das Gefühl geben, klein und ohnmächtig zu sein. Es liegt häufig nicht an uns, wenn dieses Lebensgefühl Einzug hält. Es ist nicht zuerst Ihr »Versagen«. Zum anderen: Ich

---

2 Bislang habe ich immer beide Geschlechter benannt. Das ist etwas sperrig. In Zukunft schreibe ich Leser/innen oder nehme wahllos ein Geschlecht. Wenn ich Chefin schreibe, hören Sie bitte Chef mit und umgekehrt.

möchte Ihnen Mut machen, bedrückende Situationen zu verändern! Und sollten es Menschen sein, die Sie klein machen, dann hätte ich ein paar Tipps, die vielleicht deren Umgang mit Ihnen verändern können.

Oder gehören Sie zu den Menschen, die gerade vor Kraft strotzen? Fühlen Sie sich stark und wichtig? Haben Sie ein gutes Selbstwertgefühl? Herzlichen Glückwunsch, das freut mich! Für Sie wünsche ich mir, dass Sie etwas von Ihrer Stärke abgeben können. Ich hoffe ja, dass Sie sich nicht deswegen groß fühlen, weil Sie soeben jemanden klein gemacht haben. Wer wirklich innerlich stark ist, kann gut andere starke Typen neben sich ertragen und etwas von der eigenen Lebensfreude abgeben.

Das bringt mich zu meinem dritten Anliegen. Immer wieder befinden wir uns in Beziehungen, in denen ein starkes »Machtgefälle« herrscht und manchmal herrschen muss. Die Gestaltungsmacht des einen bestimmt das Leben des anderen. Beziehungen wie Eltern – Kind, Lehrer – Schülerin, Chefin – Angestellter, Pflegekraft – Pflegebedürftiger, Trainer – Athletin. Das sind alles Beziehungen, in denen eine Person große Wirkung auf eine andere Person hat und damit große Verantwortung trägt. Das Lebensgefühl von Kindern hängt wesentlich vom Umgang der Eltern mit ihnen ab. Das Betriebsklima wird stark vom Verhalten des Chefs geprägt. Für die Menschen mit großer Verantwortung wünsche ich mir, dass ihnen die Entfaltung der Persönlichkeit der anvertrauten Menschen am Herzen liegt und auch gelingt. Würde mich freuen, wenn sie ein paar Tipps in diesem Buch dazu finden!

3.3 Gesellschaft verändern

Ich habe Ihnen bereits mehrere Geschichten erzählt, in denen es um die Bedeutung von Erfolgserlebnissen und von Anerkennung für uns Menschen geht. Wer beides erlebt, wird stark. Mein Anliegen ist es, dass alle Menschen (auch und vor allem die vermeintlich Leistungsschwächeren) dieses erleben. Und ich möchte Wege aufzeigen, wie das möglich ist. Dazu werde ich Beispiele aus Familie, Schule, Sport, Kirche und Wirtschaftsunternehmen anführen.

Nun lebe ich in einer Gesellschaft, die stets nach Höchstleistungen strebt. Unternehmen und Geldanleger wollen größtmöglichen Gewinn und Rendite. Sie brauchen dafür mindestens hochqualifizierte, wenn nicht gar omnipotente Mitarbeitende. Die Schulen spüren einen starken Druck, Kinder und Jugendliche in kürzerer Zeit zu besseren Abschlüssen zu führen. Und Sportverbände und Zuschauer wünschen sich Medaillen bei Olympia. Ich finde diese Wünsche und Ziele verständlich und berechtigt. Als Kunde meiner Autowerkstatt möchte ich auch gerne fachkundige Meister, die meinen PKW kostengünstig reparieren. Und wenn meine Nichten und Neffen in der Schule etwas gelernt haben, von dem ich noch nie etwas gehört habe, freut mich das für sie. Es gibt dabei allerdings zwei Probleme.

Als erstes Problem möchte ich die Verabsolutierung des Erfolges nennen. Die Leistungsfähigkeit der Menschen wird nicht um der Menschen willen gefordert, sondern um die Bedürfnisse des Marktes zu befriedigen. Es geht nicht mehr um die Entfaltung des Menschen, sondern um die

Nutzbarmachung des Menschen. Statt der Person ein Erfolgserlebnis zu gönnen, verlangen wir dieses für eine Organisation. Der Wert des Menschen wird abhängig gemacht von seinen Erfolgen. Das aber ist meines Erachtens eine Sackgasse. Es gilt der in den 70er Jahren populäre Schülerspruch: »Ihr wollt nur unser Bestes, aber das kriegt ihr nicht.« Menschen lassen sich nur ungern funktionalisieren. Sieht der Chef in mir nur einen Produktionsfaktor und behandelt mich auch so, mache ich Dienst nach Vorschrift. Geht es dem Trainer nur um die Medaille und ich muss fürchten, er lässt mich fallen, sobald ich versage, dann werde ich nie Bestform erreichen.

Mir geht es in diesem Buch nur sekundär um den Erfolg. Denn dieses Buch ist kein Leitfaden, um Erfolgstypen zu schaffen. Primär geht es mir um die Entfaltung der Menschen. Was brauchen wir, um uns stark und wertvoll zu fühlen? Mein Anliegen ist nicht: »Wie bringe ich Menschen dazu, perfekt in eine Leistungswelt zu passen?« Sondern: »Wie muss ich die Lebenswelt von Menschen gestalten, damit diese passend für den Menschen ist?« Denn ich bin der Überzeugung, Wenn Menschen einen angemessenen Lebensraum vorfinden, dann sind sie zu unglaublichen Leistungen im Stande und werden dabei auch noch glücklich. Wer also Höchstleistungen will, der muss optimale Verhältnisse für den Menschen schaffen, ihm also Gutes tun.

Wie aber verändern wir unsere Gesellschaft? Welchen Weg schlagen wir ein, um mehr Leistung zu bekommen? Hier sehe ich das zweite Problem. An den Veränderungen in der Schule kann man es gut ablesen. Die Einführung des

Abiturs in acht Jahren bei gleicher Stofffülle erhöht den Druck auf Schülerinnen und Lehrer. Wir messen, vergleichen und bewerten Leistungen immer früher. In NRW wurden im Jahr 2007 Schulnoten für Kinder in der zweiten Klasse eingeführt. Damit geht einher, dass alle Kinder die annähernd gleichen Anforderungen erfüllen müssen. Und schließlich trennen wir Kinder spätestens nach der Grundschule in Leistungsstarke und Leistungsschwache. Diese Maßnahmen, nämlich die Erhöhung der Anforderungen, die Einführung allgemeingültiger Standards und die Bildung von Leistungsgruppen sollen unsere Kinder kompetent fürs Leben machen. Aber diesen Weg halte ich für eine Sackgasse. Inzwischen haben 40 % aller Gymnasiasten Versagensängste. Und nach einer Studie des Verbandes für Bildung und Erziehung (VBE) aus dem Jahre 2004 zeigt jeder dritte Lehrer Symptome von Überforderung und Resignation. Wird die Lust am Leistenkönnen zur Last des Leistenmüssens, dann wird es gefährlich. Denn Leistungsdruck und Erfolgszwang verhindern gerade Höchstleistungen. Angst ist ein schlechter Motivator. Nur wer angstfrei ist, kann Großes vollbringen.

Wenn mein Buch ein wenig dazu beiträgt, dass Lesende schauen, ob die Gesellschaft, in der wir leben, eigentlich den Menschen gerecht wird, wäre ich beglückt. Ich selbst will in diesem Buch immer wieder Hinweise geben, wo ich Strukturen verändern möchte. Das mache ich am Beispiel der Schule, da die gerade stark in der Diskussion steht und ich mich hier am besten auskenne.

TEIL 2

MEIN MENSCHENBILD

Wer ist der Mensch, wie tickt er und was braucht er, um stark zu werden? Darum geht es in diesem Buch. Es geht um Vorstellungen über den Menschen. Denn unsere Bilder im Kopf bestimmen unser Verhalten. Wer der festen Meinung ist, dass Lehrjahre keine Herrenjahre sind, der wird sich als Azubi vieles gefallen lassen. Und ein Chef mit dieser Vorstellung im Kopf wird mit dem Azubi nach Gutdünken umspringen. Dieses Buch beschäftigt sich mit Vorstellungen über den Menschen. Mein Anliegen ist es, Menschen gerecht zu werden. Unsere Gesellschaft sollte dem Menschen passen. Der Mensch ist sozusagen das Maß der Dinge. Immer wieder werden Sie Beispielgeschichten lesen, in denen es um die Natur, um das Wesen von uns Menschen geht. Damit Sie sich das Ganze aber nicht wie ein Puzzle zu einem Menschenbild zusammensetzen müssen, habe ich das für Sie gemacht. In diesem Teil finden Sie also meine Theorie vom Menschen, meine Anthropologie. Nicht bis ins kleinste Detail ausgearbeitet, aber die groben Linien. Es beginnt mit einem mir persönlich wichtigen Kapitel über Angst und Vertrauen.

4. Angst macht schwach,
   Vertrauen macht stark

4.1 Leistungsdruck und Erfolgszwang
   machen schwach

»Leistungsdruck und Erfolgszwang verhindern Höchstleistungen«, habe ich am Ende von Teil 1 gesagt. Ich bin mir nicht sicher, ob Sie mir in diesem Punkt zustimmen. Allzu oft höre ich Sätze wie: »Wenn du nicht, dann ...« oder »Hier wird gearbeitet, nicht gelacht.« Immer noch glauben viele Menschen, Druck und Angst seien die besten Wege, um einen Menschen zu motivieren. Wer meint, er müsse einen Menschen antreiben, der traut dem äußeren Antrieb mehr zu als dem inneren. Es mag durchaus sein, dass man mit Befehlen und Androhung von Strafen bzw. mit dem Versprechen von Belohnungen einen Menschen dazu bringen kann, etwas zu tun. Man wird ihn aber nie dazu bringen, sein Bestes zu geben. Sie können zwar Menschen zu Leistungen antreiben, aber nicht zu Höchstleistungen. Von »spielend gewinnen« und »Menschen stark machen«, bleibt nicht viel übrig, wenn die Angst regiert. Zur Illustration dieser Tatsache hier eine kleine Anekdote über Leistungsdruck und Erfolgszwang.

Es war ein ganz normales Meisterschaftsspiel, was ich mit der zweiten Mannschaft des TV Dellbrück zu bestreiten hatte. Als Gastmannschaft und Tabellenfünfter empfingen wir eine Mannschaft aus dem unteren Drittel der Tabelle. In deren Reihen befand sich ein, um es vorsichtig auszudrücken, recht betagter Spieler. Schnell kam die Frage auf, wer denn nachher gegen Methusalem spielen müsse. Aus der Frage wurde eine Bitte, den alten Herrn nicht so durch die Box zu schicken, damit nicht ausgerechnet in unserer Halle sein letztes Stündchen schlagen würde. Es traf Jens, einen jungen Spieler, der seine erste Saison in der Herrenliga spielte, sich aber bislang mehr als beachtlich geschlagen hatte. Der Spieler, der Jens in diesem Spiel als Trainer begleiten würde, gab ihm ein fröhliches »Jetzt nimm den mal schön auseinander« mit auf seinen Weg in die Box. Alt war sein Gegner ja, und besonders gut war er auch nicht. Aber auf seiner Rückhand spielte er lange Noppen. Die verursachen ein Trudeln des Balles, was es dem Gegner schwer macht, anzugreifen. Und tatsächlich, ein ums andere Mal verschlug Jens vermeintlich hohe Bälle. Den ersten Satz verlor er knapp. »Hey, jetzt spiel mal richtig«, bekam er als Tipp. Jens spielte härter, aber nicht erfolgreicher. Immer wieder machten ihm die Noppen das Leben schwer. Sein Gegner, der das längst mitbekommen hatte, tat alles, um den jungen Wilden aus dem Rhythmus zu bringen. Gegen Ende des zweiten Satzes war Jens verzweifelt. Er lag mehrere Punkte zurück und murmelte immer wieder: »Gegen den darf ich nicht verlieren!« Auch der dritte Satz begann wenig erbaulich für Jens. 4:1 lag er hinten. Inzwischen war er etwas blass um die Nase und stand wie einbetoniert am Tisch. Ich fragte seinen Betreuer, ob ich mich einmischen dürfe. »Wenn dir was einfällt, nur zu!« Ich nahm eine Auszeit und hielt eine Rede: »Jens, das Spiel kannst du nicht mehr gewinnen. Der alte Fuchs ist einfach zu abgebrüht. Aber mach dir nichts draus, wir werden auch ohne deinen Punkt siegen. Ich hätte da allerdings noch eine kleine Aufgabe für dich. Du hast noch 7 Punkte Zeit, bis er gewonnen hat. Ich möchte, dass du in dieser Zeit drei weiche Topspin (Oberschnittbälle) spielst. Und zwar in seine Vorhandseite. Sollte dein Gegner die zurückspielen können, dann darfst du den nächsten Ball schmettern. Egal, ob der kommt oder nicht. Es geht mir nicht darum, Punkte zu holen, sondern ob du eine Taktik umsetzen kannst.« »Drei Topspin«, wiederholte Jens. »Okay, ich werde es versuchen.« Und der Versuch glückte. Jens spielte in den ersten vier Ballwechseln die geforderten drei Topspin und gewann jedes Mal den Punkt. »Gut so«, kommentierte ich. »Versuch noch mal drei.« Bei 8:7 ging Jens zum ersten Mal in Führung und gewann dann Satz Nummer 3. Auch den vierten Satz entschied Jens klar für sich. Und mit jedem Punkt gewann er mehr Souveränität. Gegen Ende des Satzes hatte ich sogar den Eindruck, wieder leichte Überheblichkeit festzustellen. Also gab es eine erneute Ansprache für den fünften und letzten Satz: »Okay, Jens, auf der Vorhand hast du ihn im Griff. Mal sehen, ob du jetzt auch auf der Rückhand punkten kannst. Spiel bitte drei Topspin in seine Rückhand, davon einen fast ohne Schnitt. Wenn es klappt, prima. Wenn nicht, dann zurück zur alten Taktik.« Jens spielte famos. Auch wenn ihm die Rückhandseite nicht so gut lag, nahm er die Herausforderung an und gewann 11:7. Wir jubelten und Jens sagte zu mir: »Ich hatte so einen Eisenarm in den ersten Sätzen. Als ich anfing die Bälle zu verschlagen, bekam ich plötzlich Angst, ich könne verlieren. Danke für die guten Tipps.« »Gern geschehen«, erwiderte ich. »Vermutlich ist das die wichtigste Fähigkeit eines erfolgreichen Sportlers. Denk nie über gewinnen oder verlieren nach, sondern konzentriere dich auf das, was du gerade tust. Nicht das Gewinnen sollte dein Ziel sein, sondern möglichst gut Tischtennis zu spielen. Vergiss den Punktestand, dann hast du auch keine Angst mehr vor Fehlern.« Was Jens an diesem Tag angefangen hatte zu lernen, das lernen Leistungssportler heute durch Mentaltrainer. Diese kämpfen gegen die Angst vor dem (öffentlichen!) Scheitern. Favoriten haben es immer schwerer als Underdogs, denn auf ihnen lasten hohe Erwartungen. Die erfolgreichsten Sportler sind nicht jene, auf denen die meisten Erwartungen liegen, sondern solche, die sich von diesen Erwartungen am besten frei machen können. Druck und Angst lähmen, die Konzentration auf die Herausforderung beflügelt. Wer es erlebt hat, dass man Versagensängste und hohe Erwartungen vergessen kann und plötzlich unter extremer Anspannung doch ganz bei der Sache ist, der wird daran stark. Nicht die Angst macht stark, sondern die Überwindung der Angst. Es gab eine Zeit, da war ich fest überzeugt, wenn es 9:9 im letzten Satz steht, gewinne ich das Spiel. Ich hatte es mehrfach geschafft, genau in diesen Stresssituationen meine besten Bälle zu spielen. Inzwischen haben das zu meinem Leidwesen fast alle Topathleten drauf.

Nur wer frei von Angst ist, kann sein Bestes geben. Manche Trainer sagen: »Denke nie übers Verlieren nach, das hemmt nur. Träume stattdessen vom Sieg, das beflügelt.« Das ist nur die halbe Wahrheit. Es beflügelt zwar, aber es lenkt auch ab. Das Ergebnis darf nicht dein Ziel sein, denn so kannst du die Angst vor der Niederlage nie überwinden. Wer eine Medaille erringen will, der muss die Medaille vergessen. Nur wer sich ganz darauf konzentrieren kann, sein bestes Tischtennis zu spielen, der wird eine Medaille gewinnen.

4.2 Vertrauen macht stark

Ich hoffe, Sie haben anhand meiner Erzählungen längst herausgehört, was ich mit Starksein meine und warum mir Starksein so wichtig ist. Nach Vorträgen bin ich schon oft gefragt worden, ob wir Menschen uns nicht damit abfinden müssten, auch schwach zu sein. Da stimme ich gerne zu. Natürlich darf ich schwach sein. Ja, ich muss nicht alles alleine können und werde immer auch auf andere angewiesen sein. Als Mensch mit Behinderung ist das meine alltägliche Realität. Deswegen will ich mich aber nicht klein, ohnmächtig und wertlos fühlen. Ich schreibe also von der inneren Stärke. Von dem Gefühl, ein wertvoller Mensch zu sein.

Ich hänge nicht der Illusion nach, Menschen könnten ein Leben lang autonom und souverän sein. Im Gegenteil, ich verstehe den Menschen zuerst als Beziehungswesen. Ein Mensch ist stets verbunden, er befindet sich in Relationen. Drei Beziehungen sind meines Erachtens zentral und alle drei möchte ich in den Blick nehmen.

Erstens: Meine Beziehung zur Welt. Finde ich mich mit den Dingen, die mich umgeben, zurecht? Fühle ich mich sicher und souverän? Vertraue ich darauf, dass diese Erde mich trägt? Zweitens: Meine Beziehung zu anderen Menschen. Werde ich respektiert, geachtet, geliebt? Kann ich mir Gehör verschaffen? Bin ich frei, anderen Menschen Gutes zu tun? Und drittens: Meine Beziehung zu mir selbst. Bin ich zufrieden mit mir? Mag ich mich leiden? Ruhe ich in mir?

Übrigens: Alle Beziehungen beeinflussen sich untereinander. Sie verändern sich gemeinsam. Wer geliebt wird, der traut sich etwas zu. Wer lernt, sich in seiner Welt zurechtzufinden, dessen Selbstbewusstsein wächst. Wer sich innerlich stark fühlt, der kann sich den Anforderungen des Lebens stellen. Und wer mit sich zufrieden ist, der kann das Werk anderer Menschen bewundern. Es funktioniert allerdings auch andersherum. Wer sich in seiner Umwelt nicht mehr sicher fühlt (etwa nachdem in seine Wohnung eingebrochen wurde), der wird auch innerlich unsicher. Wer Ablehnung von anderen erfährt, der wird sich irgendwann selbst ablehnen. Wer sich selbst verachtet, kann anderen kaum Zuneigung entgegenbringen.

Ich habe es mal als kleines Bild aufgemalt. Und ich habe sowohl die positive wie die negative Beziehung eingetragen.

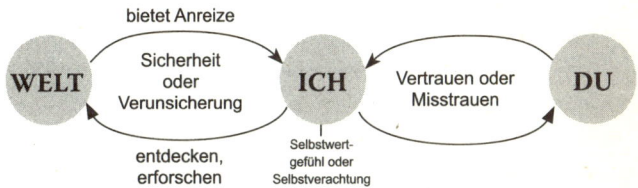

Vielleicht sagen Sie jetzt: »Und wo bleibt die Beziehung zu Gott? Schließlich heißt das zentrale Gebot: ›Du sollst den Herrn, deinen Gott, lieben von ganzem Herzen, von ganzer Seele, von allen Kräften und von ganzem Gemüt, und deinen Nächsten wie dich selbst‹ (Lukas 10,27).« Der Bibelvers geht von einem Menschen aus, der sich selbst liebt. Und dieser Mensch soll Gott und seine Mitmenschen lieben. Liebe ist hier nicht romantisch, sondern praktisch gemeint. Es geht nicht ums Verliebtsein, sondern um Achtung und Respekt. Der barmherzige Samariter liebt seinen Nächsten, indem er ihm Aufmerksamkeit und Pflege schenkt. Was also ist mit der Gottesbeziehung? Für mich umfasst die Gottesbeziehung die anderen genannten Beziehungen. Wer seinen Mitmenschen nicht achtet, achtet auch Gott nicht. In 1. Johannes 4,20 hört sich das so an: »Wenn jemand sagt: Ich liebe Gott, aber seinen Bruder hasst, ist er ein Lügner.« Gottesbeziehung und Menschenbeziehung gehören untrennbar zusammen. Und meine Beziehung zur Welt ist eine Beziehung zu Gottes Schöpfung. Für alle Menschen mit Gottvertrauen kann ich daher mein Bild ergänzen:

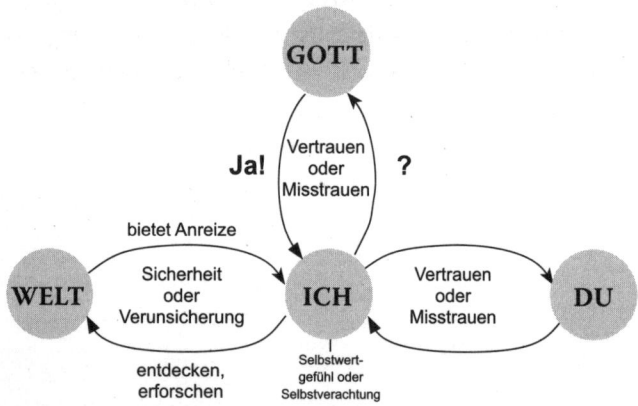

Habe ich eben gesagt, dass alle drei Beziehungen einander bedingen, so möchte ich diesen Gedanken um einen Punkt

50

ergänzen. Nämlich den Umstand, dass Menschen zuerst überwiegend passiv sind, also Empfänger, ja Angewiesene sind, dann aber zunehmend aktiv werden. Bevor wir andere tragen können, werden wir getragen. Bevor wir Dinge gestalten, werden diese für uns gestaltet. Bevor wir lieben, werden wir geliebt. Das Vertrauen in die Welt, in unsere Mitmenschen und in uns selbst ist wie eine kleine Pflanze. Sie kann wachsen und gedeihen oder auch zertreten werden. Unser Selbstwertgefühl und unsere Fähigkeiten wachsen im Laufe des Lebens. Wie sehr Menschen auf geschenkte Beziehungen angewiesen sind, kann man an den Kindern erkennen, die ohne Zuneigung und Kommunikation aufgewachsen sind. Die Psychologie nennt sie »unsozialisierte Kinder«. Der »wilde Junge von Aveyron« (1800) und das Mädchen Genie aus Kalifornien (1977) haben gezeigt, dass der Mensch, der ohne Zuneigung und Kontakt zu anderen Menschen lebt, geistig und körperlich verkümmert. Das kann sogar zum Tode führen. Die eigene Stärke verdankt der Mensch nicht sich selbst, sondern sie wird ihm zuallererst zuteil.

5. Fünf Grundbedürfnisse und wie ihre Erfüllung stark macht

5.1 Ich kann was und ich bin wer

»Ich kann was« und »ich bin wer« habe ich als die beiden elementaren Bedürfnisse des Menschen bezeichnet. Neben diesen beiden Bedürfnissen gibt es freilich noch weitere Bedürfnisse, doch die interessieren mich im Zusammenhang dieses Buches weniger. Der Einfachheit halber greife ich auf die Theorie von Felix von Cube[3] zurück, der alle Bedürfnisse des Menschen zu fünf Grundbedürfnissen zusammenfasst.[4]

Welche Grundbedürfnisse haben nun Menschen und wozu dienen sie? Da ist zuerst das Bedürfnis nach Nahrung zu nennen, die jeder zum Überleben braucht. Sex als zweites Bedürfnis dient zum Überleben unserer Spezies. Das dritte Bedürfnis, nämlich Sicherheit, hilft uns Gefahren zu vermeiden. Bedürfnis Nummer vier, Stärke, hilft uns Gefahren zu bewältigen. Und schließlich haben wir ein

---

3 Ausgeführt in: »Führen durch Fordern – Die BioLogik des Erfolgs«; Piper, München 2003 (2. Auflage 2005) und »Fordern statt Verwöhnen – Die Erkenntnisse der Verhaltensbiologie in der Erziehung«; Piper, München 2003 (1. Auflage 1986, 14. Auflage 2003).

4 Manchem Lesenden wird die Bedürfnispyramide von Abraham Maslow geläufig sein. Der große Nachteil seiner Theorie liegt darin, dass er von einer Über- bzw. Unterordnung der Bedürfnisse ausgeht. Zuerst sind die physiologischen Bedürfnisse zu stillen, bevor die »höheren« Bedürfnisse wie Selbstachtung und Selbstverwirklichung erfüllt werden können. Eine solche Ordnung halte ich für falsch. Auch hungrige Menschen bedürfen der Selbstachtung und Kreativität.

Bedürfnis nach Bindung, nach Gemeinschaft. Alleine können wir das Leben schlechter bewältigen als in einer stärkenden Gruppe. Interessant ist nun, wie diese Bedürfnisse erfüllt werden und welche Gefühle sie uns bescheren. Es ist nämlich ein Kreislauf. Am Bedürfnis nach Nahrung will ich es verdeutlichen. Wenn ich längere Zeit nichts esse, bekomme ich Hunger. Ich spüre einen inneren Antrieb, Nahrung aufzunehmen. Habe ich großen Hunger, so ist das kein schönes Gefühl. Meine Bereitschaft, Nahrung aufzunehmen, könnte aber auch durch ein äußeres Signal ausgelöst werden, etwa wenn ich zwei Stunden nach dem Mittagessen ein herrliches Stück gedeckten Apfelkuchen sehe (meinen Lieblingskuchen). Ich spüre zwar noch keinen Hunger, dennoch läuft mir das Wasser im Munde zusammen. Das ist ein eher schönes Gefühl, denn ich darf erwarten, bald den Kuchen essen zu können. Innere Bereitschaft oder äußerer Reiz können mein Bedürfnis wecken. Angenommen nun, ich habe großen Hunger, aber nirgendwo etwas Essbares in Aussicht. Auf meinem Weg zum Weltranglistenturnier in Colorado Springs musste das Flugzeug drei Stunden wegen eines Unwetters auf die Landung warten. An Bord war längst alles aufgegessen. Nach der Landung dauerte es endlos, bis das Gepäck kam. Im Flughafen selbst war dann schon alles geschlossen. Kaum saß ich im Bus zum Hotel, sprach ich den Fahrer an, ob er an einem Imbiss halten könne, da ich kurz vor dem Verhungern stünde. »Nein«, antwortete er, sein Auftrag sei, uns sofort zum Hotel zu fahren. Ich flehte inständig, aber er ließ nicht mit sich reden. Auch im Hotel war das Restaurant schon geschlossen. Erst bin ich zu Fuß los, aber bald schon habe ich ein Taxi angehalten und mich zum nächsten Pizzahut fahren lassen. Die Taxifahrt war zwar teurer als die Pizza, aber das war mir völlig egal. Dieses Suchverhalten, um ein Bedürfnis zu befriedigen, nennen Biologen Appetenzverhalten. Je größer unser Bedürfnis, desto größer ist die Anstrengung, die wir auf uns nehmen, um es zu stillen. Und dann lag sie vor mir, die schönste Pizza aller Zeiten. Fett belegt im XXL-Format! Was hat das geschmeckt! So eine leckere Pizza hatte ich nie zuvor gegessen. Also, ob sie tatsächlich so lecker war, weiß ich nicht, denn Hunger ist ja bekanntlich der beste Koch. Schließlich war ich satt. Zufrieden lächelnd ließ ich mir die andere Hälfte meiner Pizza in ein Doggiebag[5] einpacken (XXL-Pizzen in den USA reichen für eine ganze Familie).

In fünf Phasen befriedigen Menschen ihre Bedürfnisse: Innere Bereitschaft (Hunger), äußerer Reiz (jedes Plakat mit Essbarem vergrößerte meinen Hunger), Appetenzverhalten (Anstrengung), Handlung (essen), Endhandlung (satt sein). Danach braucht es dann wieder einige Zeit, um erneut das Bedürfnis nach Nahrung zu spüren. Beim Sex funktioniert es genauso. Wer lange keinen hatte, spürt eine innere Bereitschaft. Wenn Mann dann noch eine attraktive Frau sieht (oder auch einen Mann, je nachdem, wie man gestrickt ist), verstärkt sich das Bedürfnis. Also wird man aktiv und geht auf Partys oder an Orte, wo man flirten kann. Das wäre der Beginn der Handlung, die im besten Falle im Orgasmus endet, also der Endhandlung. Dann

---

5   So nennt man in Amerika Pizzaschachteln, weil man die Reste ja angeblich für den Hund mitnimmt.

dauert es wieder eine Zeit lang, bis das Bedürfnis erneut hochkommt. Verzeihung, ich meine natürlich aufkommt.

Interessant wird es nun bei Bedürfnis Nummer drei und vier: Sicherheit und Stärke. Wie stillen wir diese? Sicherheit meint, wir haben ein Bedürfnis, ohne Gefahr zu leben. Denn gefährliche Situationen machen uns Angst. Angst ist ein Schutz des Menschen vor Gefahren. Positiv haben wir auch ein Gefühl bekommen, das für Sicherheit sorgt, nämlich die Neugier. An kleinen Kindern kann man es gut erkennen. Die untersuchen alles, was ihnen in die Finger kommt. Jeder neue Gegenstand in ihrem Dunstkreis weckt ihr Interesse. So sorgen wir für Sicherheit. Wir lernen die Dinge zu beherrschen, wir machen sie uns vertraut. Neugier sorgt dafür, dass wir der Welt vertrauen können, dass wir uns sicher und damit wohl fühlen in unserer Umwelt. In den fünf Schritten gesprochen. Kinder, die alle Gegenstände in ihrem Zimmer kennen, fangen an sich zu langweilen (innere Bereitschaft = Neugier bzw. Langeweile). Sie beginnen die anderen Räume der Wohnung zu erforschen (Appetenzverhalten). Sobald sie etwas Neues entdecken (äußerer Reiz), beginnen sie mit der Erforschung (Handlung). Haben sie es dann begriffen (im wahrsten Sinne des Wortes, denn Menschen begreifen mit dem Kopf, was sie mit den Händen be-greifen), verliert der Gegenstand seinen Reiz. Ein Rätsel, das ich bereits gelöst habe, hat keinen Reiz mehr für mich. Man ist bereit für Neues. Sie merken schon, man muss Menschen gar nicht zum Lernen zwingen. Lernen geschieht automatisch. Man muss uns nur mit den richtigen Problemen und Fragen in Berührung bringen und schon suchen wir nach Lösungen und Erklärungen.

Wie steht es nun um das Bedürfnis nach Stärke? Was macht Menschen stark? Und wie geschieht das? Wie wir die Neugier in die Wiege gelegt bekommen haben, um uns Sicherheit zu verschaffen, so haben wir die Aggressivität bekommen, die uns zur Stärke verhilft. Stärke heißt, eine Aufgabe zu bewältigen, ein Problem zu lösen, einen Wettkampf zu gewinnen. Ich will es am Tischtennisspiel verdeutlichen. Wenn ich zu lange bewegungslos am Schreibtisch arbeite, dann sehne ich mich nach körperlicher Aktivität. Nach ein paar Tagen ohne Training werde ich unzufrieden und aggressiv (innerer Antrieb). Äußerlich weckt schon das Geräusch von Tischtennisbällen oder der Anblick einer Halle meine Lust. Mit dem Training (Appetenzverhalten) bereite ich mich dann auf den Wettkampf (Handlung) vor. Gewinne ich, ist das ein schönes Gefühl der Stärke (Endhandlung). Je mehr ich mich anstrengen musste, desto schöner ist der Sieg, das ist wie beim Essen.

Vielleicht haben Sie bei der Aufzählung der Bedürfnisse das Bedürfnis nach Schlaf vermisst. Dieses Bedürfnis ist die Kehrseite des Bedürfnisses nach Stärke. Wer sich lange angestrengt hat und viel geleistet hat, der wird danach müde sein. Er braucht den Schlaf, um danach wieder frisch zu sein für erneute Leistungen.

Ich komme zum letzten Bedürfnis, dem Bedürfnis nach Bindung. In meiner Ausbildung zum Seelsorger habe ich in einem Düsseldorfer Seniorenheim eine Dame besucht, die alle Verwandten und Freunde überlebt hatte. Die einzige Tochter wohnte im Ausland und kam nur dreimal im

Jahr zu Besuch. Für die Tochter viel, für die Mutter viel zu wenig. Da die Mutter nur noch liegen konnte, waren die Pflegerinnen die einzigen Menschen, die sie zu Gesicht bekam. Aus jedem ihrer Worte sprach die Sehnsucht nach anderen Menschen. Da diese aussichtslos war, wünschte sich die Frau nichts sehnlicher, als zu sterben. Einsamkeit ist ein übles Gefühl. Und die Möglichkeit, aktiv zu werden (Appetenzverhalten) und neue Menschen kennenzulernen, gab es für die alte Dame nicht. Das ist der Unterschied zu rüstigen Singles. Die sind zuweilen auch einsam, können aber aktiv dagegen angehen. Wenn im Frühling die frischverliebten Paare im Park auftauchen (äußerer Reiz) und ihre Sehnsucht groß wird, dann begibt man sich auf die Suche und findet hoffentlich jemanden. Verlieben ist eine lustvolle Handlung und Ein-Paar-Werden ist unübertroffen (Endhandlung). Beziehungen tragen uns durchs Leben und sind maßgeblich für unser Wohlbefinden verantwortlich. Der Mensch ist ein soziales Wesen.

Übrigens meint Bindung nicht nur die Bindung innerhalb einer Familie oder einer Liebesbeziehung. Bindung ist vielmehr jegliches Zusammengehörigkeitsgefühl. Fußballfans gehören ebenso zu einer tragenden Gemeinschaft wie die Mitglieder einer Gewerkschaft. Es gibt große Unterschiede in der Intensität der Bindung. Bindung reicht vom Dazugehören bis zur Liebesbeziehung. Bindung erfahre ich, wenn ich Bedeutung für andere Menschen habe. Ich bin wichtig, bin anerkannt, werde respektiert und nehme einen Platz in einer Gemeinschaft ein.

Das Gegenteil von Bindung ist die Trennung, Ausgrenzung, ja die Ablehnung. Wer ausgelacht, weggestoßen und abgewertet wird, der empfindet Schmerz. So groß das Glück einer neuen Bindung ist, so groß ist der Schmerz, wenn Bindungen aufgelöst werden. Auch das kann in allen möglichen Gruppen geschehen. Der Außenseiter einer Schulklasse spürt ebenso wie ein öffentlich kritisierter Politiker den Schmerz der Ablehnung.

Es kann freilich auch ein Zuviel an Bindung geben. Wie die Nahrung so kann man auch Bindungen satthaben, dann nämlich, wenn man zu sehr gebunden ist. Dasselbe gilt bei einem Zuviel bei der Befriedigung der anderen Grundbedürfnisse: Wer stets isst, dem wird das Glück eines Mahles nach großem Hunger verwehrt bleiben. Nach exzessivem Sex braucht man Ruhe, nach Vollendung eines großen Werkes Entspannung und nach einem Wochenende mit der Familie etwas Zeit für sich. Der Wechsel von Anspannung und Entspannung ist wichtig. Zu viel Bewegung ist ebenso schlecht wie zu wenig. Es ist also der wiederkehrende Rhythmus von Bedürfnisentstehung und Bedürfnisstillung, der Menschen ein erfülltes Leben beschert.

Bislang habe ich betont, dass alle Menschen diese fünf Bedürfnisse haben. Sie sind also allgemeingültig und überindividuell. Das Maß der einzelnen Bedürfnisse ist aber von Mensch zu Mensch sehr verschieden. Der Bedarf an Nahrung kann ebenso verschieden sein wie das Bedürfnis nach Bewegung. Der eine spürt bereits nach einem Tag alleine am Schreibtisch ein unbändiges Bedürfnis nach sozialen Kontakten, die andere braucht dafür eine Woche. Menschen haben ihr je eigenes Maß, ihre Individualität. Durch Üben kann das aber verändert werden. Wie wir uns langsam an mehr Bewegung gewöhnen können, so können wir uns schrittweise daran gewöhnen, immer neue Aufgaben zu bewältigen.

FÜNF PHASEN	5 Bedürfnisse des Menschen					GEFÜHLE
	Nahrung	Sex	Sicherheit (Neugier)	Stärke (Aggress.)	Bindung	
Bereitschaft (innerlich)	Hunger	Erregung	Langeweile, Neugier	Lust auf Bewegung	Einsamkeit	**Unlust**
Reiz (äußerlich)	Duftendes Essen	Traumfrau, Supermann	Problem, Aufgabe	Tischtennis-halle	Küssende im Park	**Lust**
Appetenz-verhalten	Gaststätte suchen	Singleparty	Neues suchen	trainieren	ausgehen	**Anstren-gung, Lust**
Handlung	essen	flirten	knobeln, entdecken	Wettkampf	verlieben	**Anstren-gung, Lust**
End-handlung	satt	Orgasmus	Lösung finden, Aha	Sieg	Ein Paar werden	**Höchste Lust**
Sinn	**Überleben Einzelner**	**Überleben Gattung**	**Gefahr vermeiden**	**Gefahr bewältigen**	**Alles**	

© Rainer Schmidt: Präsentation zu Felix von Cube

5.2 Zwei Gefahren im Umgang mit Bedürfnissen

Menschen haben Bedürfnisse und versuchen diese zu stillen. Wer in einem guten Rhythmus aus Bedürfnisentstehung und Bedürfnisstillung lebt, fühlt sich wohl. Er fühlt sich in seiner Umwelt sicher und ist zugleich bereit, Neues zu entdecken. Er nimmt Anstrengungen in Kauf, um ein Werk zu vollbringen, und ruht dann aus, um neue Kräfte zu sammeln. Von Mitmenschen erfährt er Achtung und Respekt, ohne sich eingeengt zu fühlen.

Zwei Gefahren gibt es nun im Blick auf die Bedürfnisbe-friedigung. Als Erstes ist die Befriedigung von Bedürfnis-sen ohne Anstrengung zu nennen, was nichts anderes meint als Verwöhnen. Stellen Sie sich ein Kind vor, das von den Eltern mehr als gut versorgt wird. Es muss keine Auf-gaben im Haushalt übernehmen. Es bekommt sein Kin-derzimmer aufgeräumt und die Wäsche gewaschen bis ins Erwachsenenalter. Alles, was es sich wünscht, bekommt es geschenkt, ohne sich dafür anstrengen zu müssen. Manche glauben, dies sei das Paradies. Tatsächlich aber ist es nur ein Schlaraffenland. Wer permanent verwöhnt wird, wird im Laufe der Zeit fett, faul und gefräßig. Garfield lässt grü-ßen. Das Paradies sieht anders aus. Dort bekommt der Mensch eine Aufgabe und zwar schon vor dem sogenann-ten Sündenfall. Er soll den Garten bebauen, in dem er lebt. Es heißt in 1. Mose 1,27-28: »Und Gott schuf den Men-schen zu seinem Bilde, zum Bilde Gottes schuf er ihn; und schuf sie als Mann und Frau. Und Gott segnete sie und sprach zu ihnen: Seid fruchtbar und mehret euch und fül-let die Erde und machet sie euch untertan und herrschet über die Fische im Meer und über die Vögel unter dem Himmel und über das Vieh und über alles Getier, das auf Erden kriecht.« Von Passivität und Verwöhnen lesen wir nichts. Viel dagegen von einem geschenkten Lebensraum und zugleich von Aktivität und Gestalten.

Die zweite Gefahr heißt: Anstrengung ohne Erfolg, was nichts anderes als Frustration bedeutet. Wer von morgens bis abends arbeitet und dann doch Pleite geht, dem vergeht der Spaß am Leben. Anstrengung ohne Befriedigung der Bedürfnisse führt zur Resignation. Wer den ganzen Som-

mer unterwegs war und bei jedem angefangenen Flirt ab-
blitzt, der gibt (sich) auf. Verwöhnte Menschen, aber auch
frustrierte Menschen werden schwach. Deshalb: Wer Menschen stark machen will, der darf sie nicht verwöhnen,
sondern muss sie fordern. Wer Menschen stark machen
will, der darf sie nicht überfordern, sondern muss ihnen
Erfolgserlebnisse verschaffen.

5.3 Vier Fähigkeiten, die stark machen

Menschen haben Bedürfnisse und versuchen diese zu stillen, um dem Leben gewachsen zu sein. Dazu haben wir
vielfältige Fähigkeiten. Diese Fähigkeiten sind angeboren,
aber trainierbar. Vier Fähigkeiten sind dabei zentral:

1. **Bewegen:** Wer die Welt entdecken will und sich in ihr
   zurechtfinden will, muss sich bewegen.
2. **Denken:** Je mehr wir über die Welt wissen, desto sicherer können wir uns in ihr bewegen und desto größer
   wird unser Lebensraum.
3. **Lernen:** Menschen verarbeiten Erfahrungen. Als Klein-
   kind schaut man einem Luftballon staunend hinterher.
   Als Erwachsener haben wir uns daran gewöhnt. Das
   Neue ist uns vertraut. Lernen heißt, sich das Fremde
   vertraut machen.
4. **Kooperieren:** Nicht jeder muss alles können. Ein Team
   schafft mehr als ein Einzelner. Damit aber ein Team
   funktioniert, müssen die Menschen unterschiedliche
   Rollen einnehmen. Nicht alle Fußballspieler können

Stürmer sein. Für Teambildung braucht es Spezialisierung und eine Hierarchie. Und dafür bedarf es eines Zugehörigkeitsgefühls und der Verständigung.

Das Schöne ist nun, dass unser Körper uns mit Glückshormonen belohnt, wenn wir die oben genannten Tätigkeiten ausüben. Wir empfinden sie als lustvoll. Das macht die Sache angenehm. Aber auch hier ist zu berücksichtigen, dass es um einen guten Wechsel von bewegen und ruhen, denken und dösen, lernen und lassen, kooperieren und selbst bestimmen geht. Wie viel Bewegung ein Mensch braucht, hängt wiederum von seinem Trainingszustand ab. Leistungssportler brauchen viel Bewegung, Schreibtischtäter viel weniger. Wer sein Gehirn trainiert hat, indem er viel lernt, der kann das besser als Menschen, die wenig lernen. Und natürlich ist auch kooperieren eine Fähigkeit, die wir üben können.

6. Bedürfnisse erkennen und respektieren

Einiges habe ich über die Grundbedürfnisse von Menschen geschrieben. Die Bedürfnisse nach Nahrung und Sex werde ich in diesem Buch eher vernachlässigen, obwohl auch das reizvolle Themen sind, aber darüber gibt es schon so viele Bücher (und nicht nur Kochbücher und Bilderbücher). Sicherheit, Stärke und Bindung dagegen interessieren mich im Hinblick auf das Thema dieses Buches sehr.

Einen wichtigen Punkt habe ich bislang nur angedeutet. Vielleicht, weil er beinahe banal wirkt. Lassen Sie es mich als These formulieren: Wenn der Mensch Grundbedürfnisse hat, dann sind diese unabänderlich. Bedürfnisse beschreiben sozusagen die Natur des Menschen. Es wäre fatal, den Menschen verändern zu wollen. Das heißt im Gegenzug, dass der Mensch das Maß für die Gestaltung unserer Lebenswelt ist. Gesellschaft, Schule, Arbeitswelt und Kirche sollten so gestaltet werden, dass sie dem Menschen gerecht werden. Der Mensch muss sich nicht an Gegebenheiten anpassen (oder angepasst werden), sondern soweit es in Menschenhand liegt, sollte die Gesellschaft an den Menschen angepasst werden. Ich hoffe, Sie stimmen mir zu. So selbstverständlich sich meine Forderung anhört, so wenig wird sie zuweilen im Konkreten beachtet. Ich will das an mehreren Beispielen erzählen, damit klar wird, was ich meine.

6.1 Das Unmögliche akzeptieren

Manchmal werden Dinge von Menschen verlangt oder erwartet, die diese beim besten Willen nicht erfüllen können. Ich hatte ein Beratungsgespräch mit einer Mitarbeiterin einer Einrichtung für Menschen mit geistiger Behinderung. Eine junge Frau aus sehr gutem Hause kam in die Einrichtung und sollte im Obst- und Gemüseladen arbeiten. Das tat sie auch, aber nach etwa einer halben Stunde schlich sie sich aus den Verkaufsräumen und stromerte über Felder und Wiesen. Das konnten die Mitarbeitenden freilich nicht zulassen, da sie die Aufsichtspflicht hatten und die Gefahr bestand, die Frau könne Richtung Straße laufen und dort überfahren werden. Alles hatten sie versucht, um diese Frau zur Arbeit zu bewegen und so ihrer Aufsichtspflicht nachzukommen. Lob und Sanktionen waren ebenso erfolglos wie permanentes Beobachten und ständig wechselnde Aufgaben. Insbesondere der Druck in Form von Liebesentzug (also Schimpfen) oder Strafen (keine Süßigkeiten mehr) wurde zunehmend zum Problem. Immer öfter weinte die Frau und manchmal wurde sie wütend und versuchte die Mitarbeitenden zu beißen. Ich ließ mir erzählen, was vom Leben der jungen Frau bekannt war. Schnell zeichnete sich ein deutliches Bild ab. Die junge Frau kam aus sehr wohlhabendem Hause und war auf einem großen Gutshof aufgewachsen, welcher durch eine hohe Hecke umzäunt war. Im Haus waren mehrere Bedienstete für den Haushalt zuständig. Unterricht hatte sie nur von Privatlehrern erhalten. Im Gespräch wurde uns dann gemeinsam klar, dass diese junge Frau nie gelernt hatte, für eine Arbeit zuständig und verantwortlich zu sein. Innerhalb ihres Grundstückes durfte sie nach Herzenslust herumlaufen, da keine Gefahr bestand und meistens sogar ein Leibwächter ein Auge auf sie warf. Die Forderung der Mitarbeitenden, acht Stunden am Tag einer Arbeit nachzugehen, war für diese Frau unmöglich zu erfüllen.

Manche Ausbilder beklagen heute, junge Menschen kämen nicht einmal pünktlich zur Arbeit. Das führt dann zu einer Verwarnung (im besten Fall zum Gespräch über die Bedeutung von Pünktlichkeit) und dann ziemlich schnell zur Kündigung. Das ist aus Sicht der Ausbildungsbetriebe nachvollziehbar und in Ordnung. Schließlich sind sie nicht für die Elementarbildung der Jugendlichen verantwortlich.

Ich warne allerdings davor, aus dem Verhalten der Jugendlichen sofort auf mangelnden Willen zu schließen. Es kann auch sein, dass diese Menschen schlicht nie gelernt haben, sich in ein geregeltes Zusammenleben einzufinden.

Zurück zu der jungen Frau. Die alles entscheidende Frage war nun: Könnte die Frau lernen, einer geregelten Arbeit über einen längeren Zeitraum nachzugehen? Dieses konnten die Mitarbeitenden nur ausprobieren. Zuerst sorgten sie dafür, dass die Aufsichtspflicht anders verteilt wurde. Dann gaben sie der jungen Frau Arbeit für eine Viertelstunde. Danach boten sie an, doch ein wenig rauszugehen. Die Bitte, nicht so weit wegzulaufen, wurde anfangs nicht erhört, denn auch das hatte die Frau nie gelernt. Ihre Kreise wurden nur durch die Hecken des elterlichen Anwesens begrenzt. Aber nach einiger Zeit hatte sie gelernt, dass Straßen wie Hecken anzusehen sind. Und mehrere Fahnenstangen begrenzten die Wiese. Langsam, Schritt für Schritt wurde das Arbeitspensum erhöht. Manchmal vergaß die junge Frau ihre Pausen, an anderen Tagen brauchte sie mehr Pausen. Die Mitarbeitenden fanden eine gute Mischung aus Aufgabenstellung und Entscheidungsfreiheit. Hilfreich war insbesondere, dass sie der jungen Frau zeigten: Ohne dich schaffe ich diese Aufgabe nicht. Die junge Frau arbeitete nicht zur Beschäftigungstherapie, sondern weil sie zum ersten Mal im Leben für eine Tätigkeit gebraucht wurde. Meines Wissens ist die junge Frau heute immer noch weit davon entfernt, einen 8-stündigen Arbeitstag bewältigen zu können. Aber der Stress für ihre Betreuungspersonen ist vorbei. Die Arbeitssituation wurde an ihr ganz eigenes Unvermögen bzw. Vermögen angepasst. Erst als das gelungen war, gab es Freiraum für eine Veränderung des Verhaltens der Frau.

In diesem Zusammenhang eine kleine Anmerkung außer der Reihe: Menschen mit geistiger Behinderung sind wichtig für unsere Gesellschaft. Mit ihrem Unverständnis für unsere Notwendigkeiten fordern sie uns heraus. Durch solche und ähnliche Erfahrungen habe ich gelernt, dass wir einen Menschen nicht ändern können, aber dass jeder Mensch lernen kann.

6.2 Der Mensch als Maßstab

Manchmal wird ein Lebensraum so gestaltet, dass er für Menschen von Nachteil ist. Stellen Sie sich zehn Auszubildende in einem Unternehmen vor. Das Unternehmen hat bereits zu Beginn der Ausbildung mitgeteilt, dass nur die drei Besten des Jahrgangs übernommen werden. Damit ist ein Konkurrenzsystem geschaffen worden. Jeder gegen jeden. Wer solche Regeln aufstellt, sollte wissen, dass er dadurch Einzelkämpfer produziert. Das gemeinsame Lernen in Arbeitsgruppen wird unwahrscheinlich. Der Austausch von Erfahrungen und Wissen erschwert. Die gegenseitige Unterstützung wird gegen Null gehen. Allgemein gesprochen: homo homini lupus. Der Mensch ist des Menschen Wolf (frei nach Thomas Hobbes, der diese Weisheit schon von Titus Maccius Plautus abgeschrieben hat). Gegenseitige Unterstützung ist auch in einer solchen Situation nicht unmöglich, aber sie wird erschwert. Denn die Auszubildenden werden sich in der Konkurrenzsituation alleine gelassen fühlen. Die Konkurrenzsituation bietet zwar die Möglichkeit einer Stärkeerfahrung, steht aber dem Bedürfnis nach Bindung entgegen. Vielleicht sind auch zwei der zehn gut befreundet oder gar ein Paar. Das kann sie verführen, sich gegen die gesetzte Spielregel gegenseitig bei den Herausforderungen der Ausbildung zu unterstützen und zu stärken.

Das Unternehmen würde klüger handeln, wenn es folgende Parole zu Beginn der Ausbildung ausgeben würde: »Wir freuen uns, Sie in unserem Unternehmen auszubilden. Wir werden alles tun, dass jeder von Ihnen die Ausbildung erfolgreich abschließt. Ob wir Ihnen eine Zukunft in unserem Unternehmen bieten können, ist ungewiss. Aber wir werden uns bemühen, Sie so gut auszubilden, dass man sich um Sie reißen wird. Ab heute gehören Sie zu einem starken Team.«

Sie merken beim Lesen dieser Zeilen, wie anders in diesem Fall das Gefühl der Azubis wäre als im Fall der Konkurrenzsituation. Sowohl das Bedürfnis nach Stärke als auch das Bedürfnis nach Bindung würde berücksichtigt. Mit dieser Parole hätte sich das Unternehmen auf die Seite der Azubis gestellt, statt als kritischer Prüfer aufzutreten. Es hätte einen Vertrauensvorschuss ausgesprochen, statt zu sagen: Ihr müsst erst einmal beweisen, ob ihr würdig seid, zu uns zu gehören. Und es hätte die zehn Azubis zu einem Team gemacht statt zu Einzelkämpfern. Einer für alle, alle für einen. Jeder ist wichtig. Ich verspreche Ihnen, alle zehn hätten bessere Leistungen erbracht als in dem Konkurrenzsystem.

6.3 Erkennen und verstehen, was Menschen brauchen

Manchmal muss man einen Menschen verstehen, um ihn angemessen zu behandeln. Als freiberuflicher Berater wurde ich mit einer Fortbildung für das Team eines Altenheimes beauftragt. Verschiedene Konflikte waren aufgetreten und die Situation drohte zu eskalieren.

Die Mitarbeitenden erzählten mir von einer alten Dame, die erst vor wenigen Wochen in die Einrichtung gekommen war. Anfangs verhielt sie sich unauffällig. Mit der Zeit aber wurde sie aggressiv. Zuerst fing sie an, die Reinigungskräfte zu kritisieren. »Hier wird nicht ordentlich sauber gemacht«, rief sie über den Flur. Staub entfernte sie mit weißen Taschentüchern und rieb sie den Reinigungskräften unter die Nase. »Hier, das kommt alles von dem Küchenschrank. Da wurde sicher schon seit Monaten nicht mehr geputzt.« Dann waren die Mitbewohner an der Reihe. »Alt und senil seid ihr, wartet doch nur noch auf den Tod«, attackierte sie diese. Natürlich sprach zuerst die Pflegedienstleistung, später dann die Hausleitung mit der Dame. Es nützte alles nichts. Die Boshaftigkeiten machten auch vor den Pflegekräften nicht Halt. Und diese waren vor den Kopf gestoßen. Sie wollten doch, dass sich die Bewohnerin möglichst wohl in ihrem Heim fühlen sollte und dafür arbeiteten sie hart. »Undank ist der Welt Lohn«, war man sich einig.

Hatte gutes Zureden nicht geholfen, so versuchte man es als Nächstes mit Sanktionen. Zu einem Ausflug wurde die Dame nicht mitgenommen, da man wenigstens an diesem Tage einmal Ruhe haben wollte. Eine verfahrene Situation, fand ich. Eines aber ließ mich aufmerken. Ich stutzte, als mir von »Boshaftigkeiten« der Frau erzählt wurde. Das Verhalten der Dame hatte für mich nichts mit Boshaftigkeit zu tun. Also begab ich mich auf die Suche nach einem Grund für ihr Verhalten. Ich ließ mir erzählen, was die Mitarbeitenden von der Frau wussten. Folgendes Bild zeichnete sich ab.[6] Diese Frau hatte vor Jahren ein mittelständisches Unternehmen geleitet, nachdem ihr Mann verstorben war. Jetzt bilden Sie sich bitte kein vorschnelles Urteil im Sinne von »das erklärt alles, die hat eben weiterhin die Chefin raushängen lassen«. Meine Überschrift lautet »Erkennen, was Menschen brauchen« und Erkennen geht nur durch genaues Hinsehen und Zuhören. Also hörte ich weiter zu. Irgendwann hat sie den Betrieb verkaufen müssen, nämlich als ihre Kräfte nachließen. Eine Zeit lang wohnte sie noch alleine. Nun wollte sie gerne zu einem ihrer Kinder ziehen und dort alt werden, aber die haben abgelehnt. Man sei zu beschäftigt und könne sich nicht um sie kümmern. Also ging die Dame gezwungenermaßen ins Altersheim, denn alleine die große Villa zu bewirtschaften, das ging nicht mehr. Da saß sie nun. Abgewiesen von den eigenen Kindern und ohne Bedeutung für andere Menschen. Zu gebrechlich für die eigene Villa, aber zu rüstig fürs Altenheim. Sie wurde bekocht und ihr Zimmer wurde geputzt. Da wird so ein Tag ganz schön lang, um nicht zu sagen langweilig. Und der Bedeutungsverlust schmerzte.

---

6 Ich habe einige Informationen dieser Geschichte bewusst verändert, damit kein Rückschluss auf die betreffenden Personen möglich ist.

Die Taktik der Dame war nun: Schaut her, ich weiß es besser als ihr. »Ich bin (immer noch) wer.« Ihr aggressives Verhalten brachte ihr zwar keine Zuneigung, immerhin aber Aufmerksamkeit. Aufmerksamkeit ist besser als Bedeutungslosigkeit.

Allmählich bekamen die Mitarbeitenden Verständnis für die Situation der alten Dame. Das führte uns zu der Frage, was man denn nun für sie tun könne. Wenn es tatsächlich die Bedürfnisse nach einer sinnvollen Tätigkeit und nach Anerkennung waren, dann müsste es doch möglich sein, diese zu stillen. Jedenfalls war es einen Versuch wert. Welche Aufgabe konnte man ihr anbieten? Jemand wusste, dass die Dame gerne Kuchen gebacken hatte. Also wurde sie beim nächsten festlichen Anlass gefragt, ob sie einen Kuchen für ihre Wohngruppe backen wolle. Überrascht, aber erfreut, sagte die Dame Ja. Aus dem einen Kuchen wurde ein wöchentliches Ritual. Andere Aufgaben kamen hinzu. Nach einem halben Jahr wurde die Dame von Mitbewohnerinnen gefragt, ob sie nicht im Altenheimbeirat mitarbeiten wolle. Wieder strahlte sie. Im Laufe eines Dreivierteljahres war aus der nörgelnden Querulantin eine hilfsbereite, um das Wohl der Mitbewohnenden besorgte Dame geworden. Und dafür erhielt sie von allen viel Anerkennung.

Wer ist der Mensch? Wie tickt er und was braucht er, um stark zu werden? Das war meine Ausgangsfrage für diesen Teil des Buches. Und meine Antwort ist: Menschen brauchen Aufgaben. Wir brauchen Herausforderungen und das Erleben »ich kann was«. Und als zweites brauchen wir Bedeutung. Ich bin wichtig für andere Menschen, ich gehöre dazu, ich bin wer.

Teil 3

»Ich kann was«!
Die eigene Begabung geniessen

Mich interessiert, was Menschen stark macht. Ich habe es am Ende des Kyteerlebnisses, das ich eingangs geschildert habe, auf die Kurzform gebracht: Ich kann was und ich bin wer! Beide Erfahrungen will ich mir genauer ansehen. Ich fange beim Genießen meiner eigenen Fähigkeiten an (ich kann was) und gehe dann zur Beziehungsebene über (ich bin wer). Allerdings fällt die Trennung der beiden Bereiche manchmal schwer, da beide Ebenen in fast allen Geschichten vorkommen. Warum diese Reihenfolge? Nun, auf die eigenen Fähigkeiten können wir in unserem Leben so lange bauen, wie wir sie haben. Prinzipiell stehen wir aber immer in der Gefahr, unsere Fähigkeiten zu verlieren. Wer sich nicht mehr auf seine eigene Kraft verlassen kann, ist angewiesen auf Menschen, die ihn durchs Leben tragen. Es ist meine Hoffnung, dass kein Mensch unbedeutend wird. Auch wer nichts (mehr) kann, ist noch wer.

Die Erfahrung »ich kann was«, »ich bin stark« ist für jeden Menschen elementar wichtig. Sie gehört zu den Grundbedürfnissen des Menschen. Viele Seiten werde ich nun über Erfolgserlebnisse schreiben und wie diese zustande kommen. Dabei konzentriere ich mich zuerst auf den einzelnen Menschen und seine Aufgabe (Kapitel 7). Dann schaue ich nach, ob und unter welchen Voraussetzungen unsere Schulen ein Ort für Erfolgserlebnisse für Schüler/innen sind (Kapitel 8). Erst danach nehme ich in den Blick, dass es Menschen gibt, die mich in der Entfaltung meiner Fähigkeiten unterstützen können. Meine Frage ist: Wie kann ich andere Menschen stärken, indem ich ihnen zu Erfolgserlebnissen verhelfe? (Kapitel 9). Andere Menschen mit ihren je eigenen Begabungen können aber auch als Konkurrenten fungieren, d.h., ich vergleiche mich mit anderen bzw. werde mit ihnen verglichen (Teil 4). Das Thema des Vergleichens liegt mir gerade als einem Menschen mit Behinderung am Herzen. Vieles, was andere können, bleibt für mich unerreichbar. Aber es ist nicht nur ein Thema von Menschen mit Behinderung. Es ist ein Lebensthema von vielen Menschen, die sich unzulänglich fühlen und am liebsten anders wären. Daher frage ich: Kann auch jemand, der nicht so begabt und talentiert ist wie andere, durch Erfolgserlebnisse innerlich stark werden? Und wenn ja, was braucht es dazu? (Teil 5)

7. Vom Glück der bewältigten Herausforderung

7.1 Marleen

An Kindern kann man es erkennen. Eine Herausforderung zu meistern ist ein beglückendes Gefühl. Es erhebt das Herz.

Die Herausforderung

Ostern 2008 habe ich ein tolles Beispiel dafür erlebt. Marleen, die 20 Monate alte Tochter meiner Nichte Siska, sah auf dem Wohnzimmertisch ein angeschlagenes Osterei liegen. Sie begann, an der Schale zu knibbeln, und nach ein paar Sekunden brach ein kleines Stück der Schale heraus. Ein erstes Erfolgserlebnis: Sie hatte etwas bewirkt. Also machte sie weiter. Sie hatte natürlich längst von uns Großen gelernt, dass es sich um ein Ei handelt und dass man es essen kann, wenn es komplett geschält ist. Offensichtlich war sie willens, dieses zu schaffen, denn unaufhörlich knibbelte sie weiter. Sie ließ sich auch nicht ablenken, als ich ihre Mutter Siska bat, diese Szene für mich zu fotografieren. Sie blickte kurz auf, sah, dass alles in Ordnung war, und machte weiter. Es dauerte gute zehn Minuten, bis das Werk vollendet war. Dann war das Ei gepellt. Stolz hielt sie es einen Moment in der Hand und schaute es sich

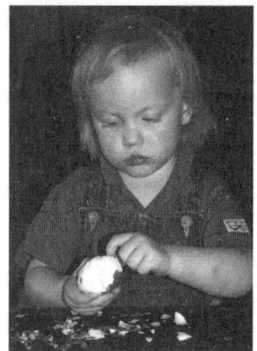

anstrengen

erfolgreich sein

genießen

an. Dann hielt sie das Ei hoch und präsentierte es. Alle sollten es bewundern. Also, sowohl ihr Werk als auch sie selbst. Wir applaudierten und zollten ihr auch mit Worten Anerkennung.

Es gibt keine größere Motivation als die Begegnung mit etwas Neuem und die Aussicht auf Gelingen. Sie kommt von innen heraus. Irgendetwas weckt unsere Neugier und dann probieren wir es aus. Diese Neugier ist uns Menschen angeboren. Neugier bewirkt, dass wir unseren Lebensraum kennenlernen und uns darin zurechtfinden. Wir brauchen Sicherheit, Verhaltenssicherheit. Wir wollen wissen, wie die Dinge funktionieren. Daher erkunden kleine Kinder alles, was ihnen begegnet. Jede Schublade wird geöffnet, es könnte sich ja etwas Unbekanntes darin befinden. Jedes Ding wird in die Hand genommen und erforscht. Sprich, wir probieren aus, was das Ding kann und ob wir es beherrschen. Belohnt werden wir mit Glücksgefühlen. Der Psychologe Mihaly Csikszentmihalyi (sprich: Tschik-sent-mihai) hat Risikosportler beschreiben lassen, was sie erleben, wenn sie eine extreme Herausforderung bewältigen. Sie erzählten vom völligen Versinken in der Tätigkeit, vom Vergessen der Zeit, von rauschhaften Glücksgefühlen und stark gestiegenem Selbstvertrauen. Diesen lustbetonten Zustand des völligen Aufgehens in einer Tätigkeit hat er Flow genannt (engl. fließen, rinnen, strömen), auf Deutsch etwa Schaffensrausch oder Tätigkeitsrausch. In der Psychologie ist längst anerkannt, dass Menschen diesen Zustand auch bei weniger spektakulären Tätigkeiten als beim Extremsport haben können. Und was als extremer Glückszustand bei Großtaten endet, fängt bei einem gepellten

Osterei an. Die Freude über eine geglückte Tat bzw. ein gelungenes Werk.

Training = immer neue Herausforderungen
Eine bewältigte Herausforderung macht nicht nur glücklich, sondern auch stark. Wer erlebt hat, ich habe es geschafft, der traut sich eine neue, größere Herausforderung zu. Ein Beispiel: Als mir Mitte 2006 das erste Sudoku in die Hände fiel, begann ich sofort, es zu lösen. Mir macht der Umgang mit Zahlen Spaß (schließlich hatte ich Mathe Leistungskurs!) und also nahm ich die Herausforderung an. Nach ein paar gelösten Sudokus in Zeitschriften wurde es aber bald langweilig, denn nachdem ich die Möglichkeiten gelernt hatte, so ein Rätsel zu lösen, boten die Zeitschriften keine Herausforderung mehr. Das änderte sich, als Karina einen ganzen Sudokublock aus Holland mitbrachte. Da gab es zum einen fünf Schwierigkeitsgrade, zum anderen auch Sudokus mit Buchstaben oder Symbolen. Manche hatten sogar die sonst zu einem Quadrat angeordneten neun Felder in einer völlig anderen Ordnung. Da war sie wieder, die Herausforderung. Natürlich versuchte ich mich auch an dem zweiten und bald an dem dritten Schwierigkeitsgrad. Und mit jedem gelösten Rätsel lernte ich mehr dazu. Wäre ich ungeübt auf ein schweres Sudoku getroffen, hätte ich aufgegeben und wäre der Überzeugung gewesen, Sudokus sind doof. So aber hatte ich schon etliche gelöst und hatte großes Vertrauen in mich und meine Fähigkeiten aufgebaut. Genau das ist Lernen. Mit jeder bewältigten Herausforderung wachsen unsere Kompetenzen. Und das Ganze macht auch noch Spaß. Wer Menschen zu Höchst-

leistungen bringen will, der muss ihnen stetig neue Herausforderungen zukommen lassen. Das genau ist der Reiz von vielen Computerspielen. Bei vielen Menschen stehen diese ja in schlechtem Ruf. Man fragt sich, worin denn ihre Faszination liegt. Ich glaube, sie bieten den Spielern permanent Herausforderungen und Erfolgserlebnisse. Das kann süchtig machen. Man kann auf ganz niedrigem Niveau einsteigen. Hat man Level 1 geschafft, will man wissen, ob auch Level 2 zu knacken ist, und so weiter. In kleinen Schritten mit stetig wachsenden Schwierigkeitsgraden kann man es bis zum Experten schaffen. Wichtig ist dabei: Die Spielerin bestimmt selbst das Tempo. Ich entscheide, wann ich den nächsten Schwierigkeitsgrad in Angriff nehme. Wenn sich Menschen wundern, wie gut ich ohne Hände Vorhand und Rückhand spiele, dann sage ich nur, ich hatte gute Trainer, die mich vor immer neue Herausforderungen gestellt haben, und viel Zeit, mich stetig zu verbessern. Gutes Training schafft permanent neue Herausforderungen.

Wenn Herausforderungen der stärkste Anreiz für Aktivitäten sind und damit zu einem Stärkegefühl führen, so sind Überforderungen und Unterforderungen logischerweise die stärksten Motivationshemmer und schwächen uns Menschen. Die Freude an den eigenen Begabungen verschwindet in über- und unterfordernden Situationen. Diese Erkenntnis mag Ihnen banal erscheinen, ich will sie aber doch ausführen, denn meines Erachtens liegt hier ein großes Problem vieler Menschen, ja vielleicht sogar großer Teile unserer Gesellschaft. Und ich will aufzeigen, welches Verhalten in solchen Situationen am hilfreichsten ist. Was also passiert, wenn Menschen über- bzw. unterfordert werden?

7.2 Wer überfordert ist, bekommt Angst

Stellen Sie sich zwei Menschen vor. Der eine ist Nichtschwimmer, die andere Olympiasiegerin auf der Langstrecke. Beide stehen vor einem 300m breiten Badesee. Zuerst fordern Sie nun den Nichtschwimmer auf, ans andere Ufer zu schwimmen. Ich wette mit Ihnen, Sie werden ihn nicht dazu bringen, einen Versuch zu wagen, es sei denn, dieser Mensch ist lebensmüde. Sie dürfen es gerne mit den gängigen »Motivationsmethoden« versuchen. Stellen Sie ihm eine Belohnung in Aussicht: »Du bekommst 1000,- €, wenn du es schaffst.« Oder drohen Sie ihm Strafen an. Reden Sie ihm ein, er könne das, wenn er es nur wirklich wolle. Es wird alles nichts nützen, denn dieser Mensch hat zu Recht Angst. Er kann die Anforderung nicht erfüllen, selbst wenn er wollte. Außerdem würde ein Scheitern schlimme Folgen für ihn haben können.

Angst und Flucht als Reaktion

Wer ahnt, dass die Aufgabe eine Nummer zu groß ist, der bekommt Angst. Und je mehr auf dem Spiel steht, desto größer die Angst. Bei einer Wassertiefe von einem Meter, da kann man es schon mal versuchen, aber nicht bei einem Badesee. Wer eine Aufgabe erfüllen muss und sich diese nicht zutraut, der bekommt Angst. Das geht dem schlechten Schüler vor einer Klassenarbeit ebenso wie dem Verkäufer, dessen Chef 20 % mehr Umsatz verlangt, ohne ihm mitzuteilen, wie das gehen könnte. Wer nun aber Angst bekommt, der läuft weg, der flieht. Sehe ich beim Waldspaziergang einen Baum in meine Richtung fallen, rettet mir die Angst das Leben (sofern ich schnell genug bin). Angst ist ein Schutzmechanismus. Sobald wir sie spüren, sollten wir ihr Beachtung schenken. Flucht ist eine verständliche Reaktion auf überfordernde Situationen. Sollten Sie als Lehrer/in oder Chef/in mit Menschen zu tun haben, die versuchen, sich zu entziehen, so erwägen Sie doch einmal, ob Überforderung der Grund sein könnte.

Wenn Flucht unmöglich ist

Was aber, wenn ich keine Chance habe, wegzurennen? Was, wenn ich in einer Welt lebe, die systematisch überforderte Menschen produziert? Der schlechte Schüler kommt ja nicht an der Klausur vorbei. Gut, er kann natürlich krank werden und auf diese Weise versuchen, die Klausur zu umgehen. Das ist tatsächlich eine Reaktion auf angstmachende Situationen, denen wir über längere Zeit nicht entfliehen können. Sie machen uns krank. Bei meinem Beispiel von dem Schüler habe ich es so formuliert, als melde sich der Schüler krank, obwohl er es gar nicht ist. Das ist tatsächlich eine Interpretation, die dem Schüler bzw. der Schülerin zuweilen von Eltern und Lehrern vorgeworfen wird. Ich möchte es daher jetzt anders formulieren: Überfordernde Situationen, denen wir uns nicht entziehen können, machen krank. Es ist verständlich, dass Menschen, die sich einer Anforderung nicht gewachsen fühlen, Bauchschmerzen bekommen. Manche Athleten

haben vor wichtigen Wettkämpfen Übelkeit und Durch-
fall.

Nun, inwieweit der Schüler selbst daran schuld ist, in
die Lage der Überforderung gekommen zu sein, möchte
ich erst einmal offen lassen. Es könnte ja sowohl an ihm
als auch an der Schule oder dem Unterrichtsfach liegen.
Dass es allerdings diese zwei Möglichkeiten gibt, machen
sich überforderte Menschen oft nicht klar. Sehr viele suchen die Ursache wie selbstverständlich bei sich. Sie sind
überzeugt: Nicht die Situation ist das Problem, sondern ich
selbst bin es. Nicht die Anforderung ist zu hoch, sondern
ich bin zu doof. Zu der Überforderung kommt dann auch
noch die Scham, ein Versager zu sein. Und nicht nur der
Körper reagiert unter Umständen mit Krankheit, sondern
auch die Seele. Wir erleben Überforderung als Kränkung
unseres Ichs. Wer in einer solchen Situation steckt, der
fühlt sich nicht mehr wohl in seiner Haut. Überforderung
wird von vielen Suchtkranken als Auslöser für die Sucht
beschrieben. Ich fliehe in den Rausch, denn ich fühle mich
zu gering für die Aufgabe.

Immer kleiner werden als Teufelskreis
Das Selbstwertgefühl eines solchen Menschen wird immer
kleiner werden. Und mit dem schwindenden Vertrauen in
sich selbst, verlieren wir das Zutrauen, neue Aufgaben anpacken zu können. Das kann zu einem Teufelskreis werden. Und es kann den ganzen Menschen erfassen. Wer be-
ruflich überfordert ist und also langsam seine Selbstachtung
verliert, der flieht zuweilen auch vor den privaten Anforderungen.

Nun ist Überforderung nicht gleich Überforderung. Am Badeseebeispiel kann man es erkennen. Je mehr auf dem Spiel steht, desto schlimmer wird eine Überforderung. Wer eine Runde auf der 20,8 km langen Nordschleife des Nürburgrings unter 8 Minuten fahren soll, der wird die Sache relativ entspannt angehen, wenn er in einem Fahrsimulator sitzt. Er kann leicht Vollgas geben und dann merken, diese Kurve ist nicht mehr zu nehmen. In einem echten Rennwagen sieht die Sache anders aus. Da ist die Situation echt, und zwar echt gefährlich. Je mehr auf dem Spiel steht, desto belastender ist eine überfordernde Situation für einen Menschen.

Überfordert werden wir aber natürlich nicht nur durch zu schwere Aufgaben. Manchmal überfordern uns auch einfache Aufgaben, dann nämlich, wenn es viel zu viele sind. Oder wenn wir gezwungen sind, sie in einer viel zu kurzen Zeit zu erledigen. Mir waren Diktate in der Schule ein Gräuel, weil ich einfach nicht schnell schreiben konnte. Manchmal fehlte dann einfach das Ende eines Satzes.

Vielleicht haben Sie beim Beispiel mit dem Nürburgring gedacht: Das eigentliche Problem ist doch der Mensch, der die Aufgabe stellt. Niemand würde einen Normalmenschen in ein Rennauto setzen und ihm eine fest definierte Rundenzeit vorgeben. Und niemand würde einem Nichtschwimmer 1.000,– € für eine Badeseedurchquerung bieten. Da haben Sie hoffentlich Recht, obwohl ich mir in Zeiten von Junglecamp nicht mehr ganz sicher bin. Es stellt sich aber die Frage, wer entscheidet, welcher Herausforderung ich ausgesetzt werde. Bestimme ich, welche Aufgabe ich als Nächstes angehe, oder wird über mich bestimmt? Hier steckt ein wichtiges Problem. Vielleicht ist das sogar das zentrale Problem unseres Schulsystems. Kinder müssen sich permanent mit Dingen beschäftigen, die andere vorgeben. Dabei denke ich mehr an Lehrpläne[7] als an Lehrkräfte. Ich will erst in Kapitel 8 einige Gedanken dazu schreiben.

Ich hole mir Hilfe

Eine bewältigte Herausforderung macht stark, eine Über-forderung schwach. Sich der Überforderung zu entziehen, ist eine gute Idee. Man darf sich eine neue Arbeitsstelle suchen, wenn man permanent überfordert ist. Dazu aber müsste ich mir eingestehen, dass ich es nicht schaffe. Schlimmer noch, ich müsste vor anderen zugeben, dass ich der Sache nicht gewachsen bin. Das aber fällt schwer, enorm schwer. Eine Konfirmandin, nennen wir sie Klara, kam nach wenigen Wochen Konfirmandenunterricht zu mir. Sie wartete, bis alle anderen gegangen waren, und frag-te dann etwas verlegen, ob sie die nächsten Wochen eine halbe Stunde vor Ende des Unterrichts nach Hause gehen dürfe. Ich erkundigte mich nach dem Grund für ihr An-liegen. »Wir haben Mittwoch immer eine Doppelstunde Mathe und ich bin so schlecht in dem Fach. Letzte Woche habe ich sogar eine Fünf geschrieben. Also muss ich jetzt dienstags viel üben.« Ich sagte ihr, dass ich ihr Anliegen gut verstehe und mich freue, dass sie mir ihr Problem an-

---

7 Glücklicherweise findet vielerorts ein Wechsel von Lehrplänen zu Bil-dungsplänen statt. Während Lehrpläne relativ genau festlegen, was wann zu lernen ist, benennen Bildungspläne angestrebte Kompetenzen. Das gewährt mehr Gestaltungsspielraum für Lehrer/innen, die diesen im Dialog mit den Schüler/innen füllen können.

vertraut hatte. Und dann überlegte ich, ob es noch eine andere Möglichkeit gäbe. »Hast du niemandem, mit dem du zusammen Mathe lernen kannst, vielleicht in deiner Klasse?« »Meine beste Freundin ist ziemlich gut in Mathe«, bekam ich zu hören. »Willst du sie nicht mal um Hilfe bitten?«, ermutigte ich Klara. »Ich trau mich nicht. Was soll die denn von mir denken«, erklärte sie. »Na, dass du in Mathe Hilfe brauchst und sie die Richtige für diesen Freundschaftsdienst wäre. Das soll sie denken. Du kannst ja fragen, ob ihr gemeinsam die Hausaufgaben machen könnt. Ich glaube, sie wird dir helfen, ist doch schließlich deine Freundin.« Klara ließ sich meinen Vorschlag durch den Kopf gehen und hatte zwei Wochen später den Mut aufgebracht, ihre Freundin mit dem Problem zu betrauen. Fortan lernten die beiden gemeinsam für Mathe, und siehe da, am Ende des Jahres war Klara auf einer Drei.

In dieser Geschichte ist vieles gut gelaufen.

Erstens: Klara war sich der überfordernden Situation bewusst. Sie konnte das Problem klar benennen. Das mag bei Mathe einfach sein, ist häufig aber ein großes Problem. Was genau ist es, mit dem ich nicht zurechtkomme? Sind es wirklich die Bälle des Sportunterrichts, die mich treffen könnten, oder sind es die Menschen, die mich dann womöglich auslachen?

Zweitens: Klara hat die Initiative ergriffen, einen Ausweg zu finden. Ihr Weg war: »Ich muss mehr lernen, dafür brauche ich Zeit, die bekomme ich vom Pfarrer.« Sie hätte sich auch ohnmächtig ihrem Schicksal ergeben können. »Mit der Fünf muss ich mich abfinden, ich bin halt zu blöd für Mathe.« Das hätte ihrem Ego aber nicht gutgetan. Wer überfordert ist, aber dagegen kämpft, der hat gute Chancen, einen Ausweg zu finden.

Drittens: Es war Klara spürbar unangenehm, ihre Überforderung zuzugeben, aber sie hat sich davon nicht besiegen lassen. Die Scham, zu versagen, das Gefühl, nicht mehr souverän zu sein, hält viele Menschen davon ab, gegen eine überfordernde Situation anzugehen. Scham ist ein extrem intensives Gefühl. Wir würden uns am liebsten verkriechen und im Erdboden versinken, um der Situation zu entrinnen. Diese Reaktion ist verständlich. Wer sich schämt, hat ein Bedürfnis nach Schutz. Weglaufen oder Verdrängen sind aber häufig die schlechteren Taktiken. Ich rechne es Klara hoch an, dass sie sich überwunden hat. Es gehört viel Mut dazu, eigene »Schwäche« zu äußern.

Warum schreibe ich Schwäche in Anführungszeichen? Weil das Problem vielleicht gar nicht die Schwäche der Person ist, sondern die schwierige Situation. Klara war ja objektiv in der Lage, den Stoff zu beherrschen, nur brauchte sie eben etwas mehr Unterstützung als andere. Wer überfordert ist, sieht gerne allein sein eigenes »Versagen«. Da kann es sehr hilfreich sein, sich bewusst zu machen, ob nicht in Wirklichkeit die Situation das Problem ist.

Viertens: Klara ist auf Menschen gestoßen, die Verständnis für sie hatten und die es gut mit ihr meinten. Sowohl ihre Freundin als auch ich haben sie ernst genommen und sie zugleich nicht alleine gelassen. Ich habe das mit meinem Nachdenken über eine andere Lösung des Problems getan (du brauchst nicht mehr Zeit, sondern jemanden, der mit dir lernt). Die Freundin hat es durch gemeinsames Lernen getan.

Fünftens: Die Unterstützung hat sie stark gemacht, nicht schwach. Die Freundin hätte auch anders »helfen« können: »Komm, ich entlaste dich. Du darfst die Hausaufgaben sogar bei mir abschreiben und bei den Arbeiten neben mir sitzen und wieder abschreiben.« Klara wäre so vielleicht sogar auf eine Zwei gekommen. Manchmal kann die Hilfe in der Art »Ich-tue-es-für-dich« sinnvoll sein. Dann nämlich, wenn es zu lange dauern würde, den Menschen für eine Situation kompetent zu machen. Man darf getrost einen Sozialhilfeantrag für Menschen ausfüllen, die nicht schreiben können. Besser aber ist es, wenn man sie Lesen und Schreiben lehrt. Etwas stellvertretend für jemanden zu tun, birgt immer ein großes Risiko, nämlich: Der auf Hilfe Angewiesene bleibt der auf Hilfe Angewiesene. Klaras Fähigkeiten in Mathe wären geschrumpft, statt zu wachsen. Abwegig, diese Art von Hilfe? Ich glaube nicht. Viele Einrichtungen der Behindertenhilfe lernen erst seit ein paar Jahren, Menschen zur Selbstständigkeit anzuleiten, statt sie rundum zu versorgen. Denn oft hat gerade die gute Betreuung in den Einrichtungen dazu geführt, dass die Menschen immer stärker auf andere angewiesen wurden. Auch Eltern von behinderten Kindern kennen dieses Phänomen. Man will das Beste für das Kind und erspart ihm daher möglichst jede schwere Situation. Genau deswegen lernen die Kinder dann nicht, schwierige Situationen zu meistern. Alle Entwicklungshilfeorganisationen mussten in einem langen Prozess lernen, dass echte Hilfe nur Hilfe zur Selbsthilfe ist.

»Ich hole mir Hilfe« habe ich diesen Teil überschrieben. Das ist etwas anderes als »mir wird geholfen«. Im ersten

Fall bin ich aktiv, also in gewisser Weise immer noch stark. Im zweiten Fall bin ich passiv. Die Kompetenz, selbst für sich zu sorgen und das sogar in Krisensituationen, halte ich für eine besonders wichtige Fähigkeit. Und wenn ich dann tatsächlich mal jede Souveränität und Stärke verliere, treffe ich hoffentlich auf Menschen, die mich eine Wegstrecke tragen, mich dann aber wieder alleine gehen lassen. Echte Hilfe ist die Hilfe, die Menschen stark macht.

Ich habe keine Ahnung, ob Klara im Konfirmandenunterricht irgendetwas anderes gelernt hat. Wenn er sie aber darin bestärkt hat, sich in überfordernden Situationen Menschen zu suchen, die sie unterstützen und kompetent machen, dann hat sie eine Lektion fürs Leben gelernt.

7.3 Wer unterfordert ist, langweilt sich

Langeweile macht schwach

Das Gegenteil der Überforderung ist die Unterforderung. Die jagt dem Menschen keine Heidenangst ein und ist daher besser zu ertragen, aber sie ist ebenso demotivierend. Und auch sie schwächt uns Menschen.

Denken Sie an die Schwimmolympiasiegerin der Langstrecke. Ob sie richtige Langeweile empfindet, wenn sie den Badesee durchquert, mag noch angezweifelt werden. Wenn das aber ihr einziges Training am Tag ist, dann ist es auf jeden Fall eine Unterforderung. Diese lächerliche Aufgabe reicht nicht einmal zum Warmschwimmen aus.

Auch bei Unterforderungen kann es einen Teufelskreis geben. Ich kenne einen Tischtennisspieler, der im Alter von

16 Jahren bereits der beste Spieler seines Vereins war. Alle waren überzeugt, er werde mal ein ganz Großer werden. Da er aber eine treue Seele war und seinen Heimatverein nicht wechseln wollte, stoppte sein Fortschritt. Als er merkte, dass er nichts mehr dazulernte, wurde er zuerst frustriert und hat wenig später ganz zu spielen aufgehört.

Mitten in der Vorbereitung auf die Paralympics in Seoul habe ich mir im Februar 1988 bei einem Wettkampf das rechte Knie verdreht und den Innenmeniskus durchgerissen. Ich wurde operiert und musste dann zwei Wochen im Krankenhaus liegen. Natürlich habe ich gelesen, Briefe geschrieben, Fernsehen geschaut, Freunde angerufen und so weiter. Aber mein Körper sehnte sich nach Bewegung und mein Inneres war nervös und ungeduldig. Wie gerne wäre ich in eine Halle gelaufen und hätte mich mal so richtig ausgetobt.

Nach meinem Krankenhausaufenthalt folgten mehrere Wochen Physiotherapie. Meine Kondition war im Eimer und meine Beinmuskulatur hatte sichtlich abgenommen. Durch die lange Passivität war mein Körper schwach geworden. Und mein Herz war natürlich auch verzagt. Wie sollte ich jetzt bei den Paralympics eine Medaille gewinnen? Ich stand öfters in der Versuchung, aufzugeben und nicht mehr zu trainieren. Zwei Monate langsames Aufbautraining waren nötig, um mir die Freude am Sport wiederzugeben. Mein Trainer schickte mich dann zu mehreren Turnieren und meinte, ich solle nicht aufs Ergebnis schauen, sondern Lust am Spielen haben. Sein Plan ging auf. Ich hängte mich jedes Mal voll rein und spielte besser als erwartet. Und als ich zu den Paralympics aufbrach, meinte mein Trainer: »Du hast nichts zu verlieren und vielleicht kannst du ja trotz deiner Verletzung eine Medaille gewinnen.« Diese Erfolgserlebnisse und sein Zutrauen stärkten meine Zuversicht. Ich gewann Silber im Einzel und Gold mit dem Team.

Ich suche neue Herausforderungen

Unterforderung verursacht Langeweile und schwächt unsere innere Kraft. Ich habe Ihnen gerade erzählt, welche Taktik ich im Krankenhaus angewendet habe, um der Unterforderung zu entfliehen. Ich habe mir andere Tätigkeiten gesucht. Das ist ein ganz typisches Verhalten. Sagen Sie mal einem ausgeschlafenen Krabbelkind, es dürfe sich die nächsten drei Stunden ausruhen und solle auf dem Schnuckeltuch liegen bleiben. Natürlich wird es das nicht tun, sondern sich auf Entdeckungstour begeben. Es wird sich eine Aktivität suchen.

Mir ging das im Mathematikunterricht bis zum Ende meiner Realschulzeit so. Ich war oft unterfordert. Ich konnte nicht einsehen, warum ich noch weiter üben sollte, obwohl ich längst begriffen hatte, wie es geht. Comics durfte ich leider auch nicht lesen. Und meine, wie ich finde, oft sehr originellen Witze empfanden zwar alle Mitschüler als willkommene Abwechslung, nur seltsamerweise meine Lehrerin nicht. Die hat mit allen Mitteln versucht, mich zur Raison zu bringen. Hätte sie mich doch gebeten, Aufgaben für meine Mitschüler zu entwerfen, das Problem wäre gelöst gewesen.

Unterforderung gibt es in vielen Lebensbereichen. Ich erlebe sie in Einrichtungen für Menschen mit Behinderung, in Altenheimen, aber auch im Berufsleben. Ich traf auf eine Sekretärin, die eigentlich nur Handlangertätigkeiten zu erledigen hatte. Privat aber tobte sie sich aus. Da war sie Vereinsvorsitzende eines Sportvereines und hatte große Pläne. Gerade Menschen mit offensichtlicher Behinderung stehen in der Gefahr, unterfordert zu werden, weil sie oft unterschätzt werden. Sie werden gut versorgt und umsorgt. Weil man ihnen Überforderungen ersparen will, vorenthält man ihnen Herausforderungen. Ich hatte eine Gruppe im Institut, darunter drei kräftige junge Männer. Absichtlich hatte ich die Tische unseres Arbeitsraumes zuvor nicht von einem Zivildienstleistenden des Hauses an die richtigen Plätze stellen lassen. Ich erklärte der Gruppe, dass wir den Raum umbauen müssen und die Betreuerinnen, zwei Damen im fortgeschrittenen Alter, fingen an, Tische zu schieben. Ich stoppte sie und bat stattdessen die jungen Kräftigen anzupacken. Mit einer anderen Gruppe habe ich eine rauschende Party gefeiert. Eine junge Frau sagte mir, als sie nach exzessivem Tanzen an den Tisch zurückkam: »So viel habe ich im letzten Jahr nicht geschwitzt wie heute.«

Nun habe ich viele Problemanzeigen getätigt. Mit meinem Innenmeniskusbeispiel habe ich aber auch schon eine »Lösung« angedeutet. Vielleicht sage ich lieber Taktik oder Verhaltensweise. Es geht mir darum, wie wir uns verhalten können, wenn wir in Situationen sind, die uns schwach machen. Und einen weiteren Übergang habe ich vollzogen. Anfangs habe ich von einem Menschen und seiner Herausforderung geschrieben. Jetzt aber rücken zwei weitere wichtige Dinge in den Blick. Da ist zum einen die Situation, in der ein Mensch steht. Das Gefühl, schwach und ohnmächtig zu sein, ist fast immer eine ganz normale und angemessene Reaktion auf schwierige Lebensumstände. Wenn dem so ist, muss ich fragen: Wie können Lebensräume so gestaltet werden, dass Menschen darin stark werden? Und zum anderen sind da die Menschen, die mit mir zu tun haben: Starksein und Schwachsein entscheidet sich wesentlich daran, wie andere Menschen mit mir umgehen. Ausgelacht werden, abschätzig behandelt werden, verlassen werden, das trifft uns mitten ins Herz. Wir Menschen sind vor allem soziale Wesen. Nach meiner Grundlegung über den Menschen rücken jetzt also zwei Fragen ins Zentrum: 1. Wie muss meine »Welt« aussehen, damit ich mich in ihr wohl fühle? 2. Wie sollen Menschen einander behandeln, damit sich alle entfalten können?

8. Über- und Unterforderung in der Schule vermeiden

Wie Sie wissen, liegen mir unsere Schulen besonders am Herzen. Was bedeutet das gerade Ausgeführte für die Gestaltung unserer Schulen? Stärken sie unsere Kinder, indem sie vielfältige Herausforderungen bieten, oder schwächen sie die Kinder, weil sie häufig über- bzw. unterfordern? Nun, das hängt entscheidend von der Art und Weise des Unterrichtes ab.

8.1 Wenn alle dasselbe tun müssen

Im schlechtesten Falle läuft der Unterricht folgendermaßen ab: Alle Kinder einer Klasse lösen dieselbe Aufgabe mit derselben Methode in derselben Zeit. Nehmen wir der Anschaulichkeit halber ein Beispiel, bei dem es um die körperliche Leistungsfähigkeit der Kinder geht. Stellen Sie sich eine dritte Klasse im Sportunterricht vor. Alle Kinder sollen ihre Muskelkraft trainieren. Daher hat sich der Lehrer, ich nenne ihn Herrn Gleichmacher, 30 Gewichte von je 15 Kilogramm besorgt. Und er stellt die Aufgabe, jedes Kind müsse das Gewicht binnen einer Minute zehnmal auf einen Tisch und wieder runter heben. Sie merken längst, wie absurd dieses Vorgehen ist. Zum einen wird es Jungen und Mädchen geben. Zum anderen werden da große und kleine Schüler/innen sein. Manche werden im Handballverein sein, andere Schach spielen. Während Sportskanone Klaus nach 20 Sekunden und ohne einen Tropfen Schweiß vergossen zu haben die Aufgabe erledigt hat, müht sich der Schöngeist Wilbert ab, das Gewicht überhaupt auf den Tisch zu heben, denn der ist annähernd so hoch wie er selbst.

Hoffentlich sagen Sie jetzt, so etwas gibt es doch gar nicht. Dann will ich Ihnen eine Geschichte aus meinem Sportunterricht in der Oberstufe erzählen. Nach vollendeter mittlerer Reife auf der Sonderschule für körperbehinderte Menschen hatte ich mich entschlossen, ich könne mein Abitur auch auf einem ganz normalen städtischen Gymnasium machen. Der damalige Schuldirektor des Dietrich-Bonhoeffer-Gymnasiums in Wiehl willigte ein.

Weder musste er für mich seine Schule umbauen, noch wollte ich vom Sportunterricht befreit werden, da ich mich ja schließlich für sportlich hielt und das bereits durch die Teilnahme an internationalen Turnieren unter Beweis gestellt hatte. Einzige Ausnahmeregelung wurde eine Verlängerung der Klausurzeit, da ich »mit der Hand« nicht so schnell schreiben konnte wie andere. Was den Sportunterricht anging, hatte ich dann richtig Glück. Es gab einen Kurs mit Tischtennis als Schwerpunkt und Volleyball und Leichtathletik als Ergänzung. Im Tischtennis bekam ich eine Eins, da ich auch meinen Sportlehrer lang machte. Im Volleyball bekam ich eine Drei. Ich konnte zwar aufschlagen und baggern, aber mein Angriffsball war in Wirklichkeit keiner. Dann kam Leichtathletik. Die Jungs mussten 1000 Meter laufen, die Mädchen 800. Ich gab alles, kam aber leider als Letzter ins Ziel. Mein Lehrer nannte mir die Zeit und zeigte mir dann seine Tabelle. »Unter 2:55 Min. hättest du eine Eins bekommen. Das hier ist die Zeit, die noch für eine Vier reicht. Wenn ich deine Zeit richtig gemessen habe, dann müsste ich dir eine Neun geben.« Einen Augenblick lang wollte ich protestieren. »Aber Sie können mich doch nicht an so einer Tabelle messen. Ich trage eine Beinprothese und bin eben meine persönliche Bestzeit gelaufen und Sie wollen mir eine Neun geben?« Ich ließ es sein, denn mein Lehrer meinte schon von sich aus: »Das würde dir aber nicht gerecht werden.« Ich habe in diesem Halbjahr eine Drei in Sport bekommen. Denn beim Hundertmeterlauf, beim Weitsprung und beim Kugelstoßen erging es mir ebenso. Speerwerfen und Diskus habe ich gar nicht erst versucht.

Nun, ich gebe zu, die erzählte Situation war eine Prüfungssituation. Da haben wir großes Verständnis dafür, dass alle Kinder an denselben Anforderungen gemessen werden. Schließlich will man herausfinden, wessen Leistungen gut und wessen mangelhaft sind. Aber im Unterricht passiert das ebenso. Denken Sie an Ihren eigenen Unterricht zurück oder befragen Sie Kinder, wie Unterricht abläuft. Spätestens in den weiterführenden Schulen erscheint es mir als das vorherrschende Unterrichtsprinzip. Ich will an dieser Stelle aber kein Urteil über deutsche Schulen und deren Lehrer/innen aussprechen. Es geht mir alleine darum, das beschriebene Prinzip des Gleichschrittlernens als leistungshemmend und damit schwächend zu outen. Wo immer Unterricht so gestaltet wird, dass alle mit derselben Herausforderung konfrontiert werden, produziert er zwangsläufig unter- bzw. überforderte Kinder.

8.2 Homogene Lerngruppen sind eine Illusion

Es sei denn, wir könnten die oben beschriebene Verschiedenheit der Kinder beseitigen. Wenn uns das gelänge, wenn es uns gelänge, annähernd gleich begabte Kinder in einer Klasse zusammenzufassen, dann würde es Herrn Gleichmacher gelingen, mit einer Aufgabe alle Kinder ideal zu fördern. Ist das nicht eine glorreiche Idee?

Ich vermute, Sie schütteln längst den Kopf und sagen: »Schmidt, lass es sein. So ein Versuch ist von vornherein zum Scheitern verurteilt. Es gibt nicht einmal zwei Menschen auf der Welt, die identische Fertigkeiten haben. Im

Gegenteil, die Unterschiede der Kinder werden immer größer. Schau dir doch die Kinder an. Wie sie sich in Körpergröße und Gewicht unterscheiden, so verschieden sind sie auch in ihrer Sprachbeherrschung, ihrem Abstraktionsvermögen, ihrer Musikalität, schlicht überall.« Freilich gebe ich Ihnen Recht.

Und indem ich darüber nachdenke, fällt mir auf, dass es ja noch viel diffiziler ist. Ich habe gerade so getan, als sei Musikalität eine einzige Fähigkeit. Ist sie aber nicht. Oder Tischtennisspielen. Vermutlich würden Sie zustimmen, wenn jemand behauptet, ich könne gemessen an meinen kurzen Armen gut Tischtennisspielen. Immerhin halte ich bei den langarmigen Athleten in der Bezirksliga in Bonn mit. Ich dagegen sage, es kommt darauf an, was Sie unter Tischtennisspielen verstehen. Ich kann nämlich längst nicht alles gleich gut. Zugegeben, mein Vorhandtopspin ist vortrefflich. Den kann ich schnell und langsam, mit und ohne Schnitt, links und rechts, kurz oder lang hinters Netz spielen. Wie ein guter Angriffsspieler eben. Mein Rückhandabwehrball ist dagegen eine Katastrophe. Würde ich an dieser Kompetenz gemessen, so reichte es nicht einmal für die zweite Kreisklasse. Gäbe mir meine Trainerin Aufgaben, die jeder andere Abwehrspieler mit Leichtigkeit bewältigen könnte, ich würde daran scheitern. Der Leistungssport hat es längst begriffen. Gutes Training und damit effizientes Lernen kann es nur durch individuell abgestimmte Übungen geben. Wer leistungsfähige Schüler/innen will, muss individuell fördern.

Aber noch einmal zurück zu der Idee, annähernd gleichfähige Kinder zu homogenen Lerngruppen zusammenzufassen. Mich erinnert die Idee doch sehr an unser deutsches Schulsystem. Wie sonst ist der deutsche Bildungsweg zu beschreiben? Mit der Einschulung werden die Kinder in der Regel in behindert und nichtbehindert eingeteilt und Sonderschulen[8] oder Regelschulen zugewiesen. Es sei denn, Einzelne haben das Glück, am gemeinsamen Unterricht teilnehmen zu können. Nach der Grundschulzeit werden dann Leistungsgruppen gebildet. Aber natürlich gibt es auch innerhalb dieser angestrebten Homogenität noch große Unterschiede zwischen den Kindern. Dieses Problem wird dann durch Sitzenbleiben oder einen Schulwechsel gelöst. Was das für die Kinder bedeutet und warum das so kränkt, dazu in Kapitel 11 mehr. An dieser Stelle nur der Hinweis, dass der Bericht des UNO-Sonderbeauftragten Vernor Muñoz vom 21.03.2007 gerade die zu frühe Aufteilung der Schüler/innen in Leistungsklassen als zentrales Übel des deutschen Schulsystems benennt. »Insgesamt fällt Muñoz ein vernichtendes Urteil über das deutsche Schulsystem und legt den Bildungspolitikern ›eindringlich nahe‹, es zu überdenken. Das Sortieren der Schüler auf verschiedene Schultypen schon im Alter von zehn Jahren komme zu früh, zumal es an der Durchlässigkeit hapere. Darunter müssten besonders arme Kinder, Schüler aus Migrantenfamilien und Kinder mit Behinderungen leiden.«[9]

---

8 In NRW werden die Sonderschulen heute Förderschulen genannt. Ich halte das für einen Euphemismus, eine beschönigende Bezeichnung. Auch wer besonderen Förderbedarf hat, weicht von einer definierten Normalität ab und wird zum Sonderfall.

9 Spiegel-online am 02.03.2007.

8.3 Individuelles Lernen
als einziger Weg zu mehr Leistung

Mein Sportlehrer und ich hatten das Dilemma deutlich erkannt: Die Annahme, alle Menschen hätten annähernd gleiche Fähigkeiten und Grenzen, lässt sich nicht halten. Daher kann nur der Unterricht Kinder zu Höchstleistungen bringen und somit stark machen, der individuell auf jedes einzelne Kind abgestimmte Herausforderungen bietet. Aber geht das überhaupt? Ist Unterricht denkbar, der für jedes Kind den individuell passenden Anreiz zum Lernen bietet?

Wie wird das Problem beim Training der deutschen Tischtennis Nationalmannschaft im Behindertensport gelöst? Da treffen überaus unterschiedlich begabte und begrenzte Athleten aufeinander. Das einzig Gemeinsame ist die Leidenschaft für Tischtennis, sozusagen das gemeinsame Unterrichtsfach. Doch selbst das muss nicht immer der Fall sein. Es kann vorkommen, dass einige Athleten Schlagtechniken üben, während andere gerade ihre Kondition verbessern. Und wenn alle gemeinsam trainieren, so ist es höchst selten dasselbe, was die Athleten tun. Schon das Aufwärmen erfolgt sehr individuell. Während ein Athlet im Rollstuhl (Rollies genannt) seine Armmuskulatur benutzt, nutzen stehend Spielende (sogenannte Footies) zumeist ihre Beine. Und auch das sehr individuell, je nach Möglichkeit. Setzen Trainer ein Schwerpunktthema für die Trainingseinheit, nehmen wir Aufschlag – Rückschlag an, so entscheidet der Athlet, wie er die konkrete Übung umsetzt. Spiele ich gegen einen Abwehrspieler, sieht die Übung sicher anders aus als gegen einen Angreifer. Das heißt, die Athleten nutzen die Vorgabe des Trainers, um die Übung auf ihre Bedürfnisse anzupassen. Im Behindertensport gilt der Grundsatz: Die Spieler bestimmen mit, was eine sinnvolle Herausforderung ist. Und schließlich ist zu benennen, dass die Athleten von Trainern und Teamkollegen lernen. Wer Tischtennis üben will, braucht einen Trainingspartner. Die Athleten geben sich oft gegenseitig Tipps und Korrekturen, lernen also voneinander. Für die Feinheiten allerdings geht's an den Balleimer. Auf einer Seite des Tisches (man spielt nicht auf einer Platte, sondern an einem Tisch) steht ein Trainer mit einem Eimer voller Bälle. Diese werden in Serien eingespielt und der Athlet kann damit Details trainieren wie etwa Wechsel von Vorhand auf Rückhand, Links-Rechts-Bewegungen und vieles mehr. Der Vorteil ist, dass der Einspieler sehr genau zielen kann, wohin der Ball kommen soll.

An diesem Beispiel ist zu sehen: Gutes Lernen braucht individuelle Herausforderungen, Mitbestimmung der Lernenden, miteinander und voneinander Lernen und aufmerksame Lehrende.

9. Wer bestimmt, welchen Anforderungen ich mich stelle?

Herausforderung, Über- und Unterforderung, ich habe versucht aufzuzeigen, welche unterschiedliche Wirkung sie auf Menschen haben. Bin ich in Kapitel 7 vom einzelnen Menschen und seiner Herausforderung ausgegangen, so weitet Kapitel 8 den Blick auf die Menschen, die andere Menschen, etwa Schüler/innen oder Sportler/innen, absichtlich vor Herausforderungen stellen, um diese kompetenter zu machen. Das führte mich zu einer entscheidenden Frage: »Wer bestimmt eigentlich, was eine Herausforderung für mich darstellt?«

Vielleicht beantworten Sie diese Frage spontan so: »Das ist doch klar. Es kann doch nur jeder Mensch für sich selbst wissen, was eine Herausforderung für ihn darstellt. Alle anderen müssten doch raten.« Ich stimme Ihnen im Grundsatz zu, aber es gibt dennoch etliche Lebenssituationen, in denen dieses selbstverständlich wirkende Prinzip nicht gilt.

Eng verbunden mit der Frage »Wer bestimmt?« ist die Frage: Steht überhaupt von vornherein fest, ob die Anforderung eine Heraus-, Über-. oder Unterforderung ist? Es kann ja sein, dass ich mich überfordert fühle, mich dann aber doch an die Aufgabe begebe und erst mit der Zeit merke: Ich werde es schaffen. Wer kann am besten einschätzen, was mich stark macht? Wer also bestimmt?

Lassen Sie mich die verschiedenen Möglichkeiten aufzählen und dann jede einzelne unter die Lupe nehmen.

Erste Möglichkeit: Ich suche mir eine Herausforderung. Marleen hat sich beim Pellen ihres ersten Ostereies ganz allein die Aufgabe gesucht. Und dann hat sie das Glück des Ausprobierens genossen.

Zweite Möglichkeit: Jemand anderes fordert mich. Das ist bei Lehrern der Fall, wenn sie eine Aufgabe stellen. Er geht davon aus, dass die Schülerinnen sich anstrengen müssen, um sie zu meistern. Der Nachteil ist offensichtlich.

Er kann sich vertun in seiner Einschätzung. Der Vorteil ist aber auch zu benennen. Er bringt Themen und Herausforderungen in die Welt des Schülers, von denen dieser sonst nichts erfahren hätte.

Dritte Möglichkeit: Eine Situation fordert mich. Auf einer Jugendfreizeit in Dänemark haben wir vier von fünf PKW bei einem einzigen Unfall schrottreif gefahren. Wir hatten auf einer zweispurigen Schnellstraße nicht mit einer Ampel gerechnet und nur der Fahrer des ersten PKW hatte sie gesehen. Der Nachteil einer solchen Lernsituation, in der die Situation mich herausfordert, ist offensichtlich: Es gibt kein Entrinnen aus der Situation. Der Vorteil einer solchen Lernsituation: Wir sind besonders motiviert, die Situation zu meistern. Übrigens, was die schrottreifen Autos unserer Dänemarkfreizeit angeht, so haben wir vor Ort ein Auto verschrottet. Die Insassen dieses Wagens sind dann mit dem Zug in die Heimat gefahren. Die anderen drei Autos wurden behelfsmäßig repariert.

Alle drei Möglichkeiten, nämlich dass ich mir selbst eine Herausforderung suche, dass ein anderer mich fordert oder dass eine Situation mich fordert, werden in jedem Leben vorkommen. Ich möchte keine dieser Möglichkeiten, stark zu werden, als besser oder schlechter werten. Alle haben ihre Vor- und Nachteile. Und bei allen drei Möglichkeiten können Mitmenschen eine entscheidende Rolle spielen. Verschieden sind die Möglichkeiten, etwas zu lernen, aber hinsichtlich meines eigenen Lebensgefühles.

9.1 Ich bestimme –
Vom Glück des Ausprobierens

Marleen hat sich mit dem Pellen des Ostereies ganz alleine eine Herausforderung gesucht und niemand hat sich eingemischt. Es wäre übel gewesen, wenn ein Erwachsener (natürlich in bester Absicht) das Ei an sich genommen und es für Marleen geschält hätte. Das wäre dann zwar schneller gegangen, aber es hätte Marleen nicht mehr so gut geschmeckt. Und in Wirklichkeit hätten wir das Ei nicht für, sondern gegen Marleen geschält. Wir hätten ihr eine starkmachende Erfahrung weggenommen.

Ich bin überzeugt, dass wir Menschen selbst am besten wissen, was wir wann und wie tun wollen. Wenn wir genügend Freiräume haben, dann nutzen wir diese auch. Und Freiräume sind wichtig für unser Wohlbefinden. Ich möchte mein Leben so gestalten dürfen, wie ich das mag. Und ich möchte Aufgaben angehen, die ich für sinnvoll erachte und die mir Spaß machen. Wer in einem engen Korsett aus vorgegebenen Aufgaben und Sachzwängen lebt, der verliert das schöne Gefühl, selbst etwas gestalten zu können. Die nächsten Seiten illustrieren anhand wichtiger Erlebnisse meines Lebens das Gesagte.

Ich darf ausprobieren, was ich kann
Lassen Sie mich zuerst ein Loblied auf meine Eltern singen. Ich hatte zum Glück Eltern, die nicht versucht haben, mich zu sehr zu behüten. Das wäre angesichts meiner Behinderung eine verständliche Reaktion gewesen. Aber da neben mir noch meine beiden Geschwister Aufmerksamkeit ver-

langten und auch sonst genügend Arbeit vorhanden war, wäre jeder Versuch, permanent auf mich aufzupassen, ohnehin zum Scheitern verurteilt gewesen. Aber ich will es positiv formulieren: Meine Eltern haben mich ausprobieren lassen. Beinahe alles. Selbst wenn es hätte gefährlich werden können. Sie hatten wohl das Vertrauen in mich und meine Spielkameraden, dass wir selbst in der Lage sein würden, einzuschätzen, was wir uns zutrauen könnten. Und da sie uns also diese Freiheit gewährten, haben wir tatsächlich gelernt, Verantwortung für uns zu übernehmen. Wir haben schlicht ständig ausprobiert, was ging und was nicht.

Konkret wurde das zum Beispiel im Winter. Damals gab es erstens noch Schnee im Bergischen Land und zweitens kaum Autos. Das machte aus der alten Dorfstraße eine ideale Rennstrecke. Über annähernd 1,5 Kilometer führte diese von der Grundschule, die »Auf dem Höchsten« lag, mit gleichbleibendem Gefälle und mehreren lang gestreckten Kurven bis in den Ort hinunter. Wer hochging, schaute, dass keine Autos von unten kamen. Viele Kinder fuhren sitzend oder auf dem Rücken liegend. Das war für mich eher unpraktikabel, da ich mich so nicht festhalten konnte. Ich musste dann ständig bremsen, weil ich bei höheren Geschwindigkeiten unsicher wurde. Also probierte ich es auf dem Bauch liegend. Da hatte ich den Schlitten voll unter Kontrolle. Ich musste nur ein bisschen Anlauf nehmen und mich auf den Schlitten werfen, sonst wäre der so schlecht in die Pötte gekommen. Mit den Fußspitzen oder nur mit einer Gewichtsverlagerung lenkend konnte ich dann beinahe ungebremst zu Tal rasen. In unserer Familie gab es einen Schlitten, den schon mein Opa gefahren hatte. Der war ziemlich kurz und daher schwer zu lenken, lief aber wie Schmidts Katze (dabei hatten wir gar keine Katze). Das war mein Lieblingsschlitten. Ich vermutete damals, meine Eltern könnten sich ernsthaft Sorgen um mich machen, wenn ich gefragt hätte, ob ich so Schlitten fahren darf. Also habe ich nicht gefragt, sondern bin gefahren. Kopf voran und ohne Fahrradhelm die Dorfstraße hinunter. Als ich ihnen dann am Abend stolz von meiner Topzeit erzählte, haben sie sich jedenfalls keine Sorgen anmerken lassen: »Das werden wir uns morgen mal anschauen«, kommentieren sie, und ich war stolz.

Heute weiß ich, so wie ich mich natürlich langsam an die Aufgabe herangetastet habe, so haben meine Eltern gelernt, was sie mir zutrauen können. Genau dadurch, dass ich selbst ausprobieren durfte, habe ich Vertrauen in meine Fertigkeiten gewonnen. Natürlich habe ich mich auch manchmal verschätzt. Einmal habe ich versucht, auf dem Rücken liegend unter einer Tanne herzufahren, deren Äste mächtig tief auf den Boden hingen. Ich war mir sicher, der Platz würde reichen, um durchzufahren, und der Schwung würde reichen, um hinten wieder rauszukommen. Ich hatte mich gleich zweimal verschätzt. Erst schrammten die Äste über mein Gesicht, dann sank mein Schlitten neben dem Stamm im Schnee ein und ich saß fest. Da lag ich nun ringsum vom Schnee umgeben und über mir dicke Äste. Ohne die Hilfe der anderen hätte ich mich nicht befreien können. Aber auch diese Erfahrung war freilich wichtig für mich. Fortan war ich vorsichtiger. Heute weiß man, dass sich vor allem die Menschen beim Sport verletzen, die diesen selten ausüben. Die anderen haben mit der Zeit gelernt, einzuschätzen, was sie sich zutrauen können. Kinder, die viel toben, verletzen sich seltener, wenn sie hinfallen.

Apropos »Auf dem Höchsten«. Vielleicht dachten Sie bei meiner Schlittenabfahrt: »Das war aber gefährlich.« Ich gebe Ihnen Recht. Das Leben war manchmal gefährlich. Als Junge hatte ich ein Fahrrad. Mit dem Prothesenbein konnte ich allerdings nicht trampeln und einbeinig zu fahren ist schwer. Also hatte das Fahrrad Stützräder und ein verlängertes Lenkrad. Die beste Gelegenheit, das Ding mal so richtig auszufahren, war der Schulhof der Grundschule »Auf dem Höchsten«. Mein Vater hatte mich dorthin begleitet und ich drehte emsig meine Runden und wurde immer schneller. Ich sah wohl, dass in einer Kurve ein Gullideckel etwas erhöht aus dem Asphalt stand. Aber wenn ich richtig schnell sein wollte, musste ich die Kurve eben schneiden. Mein Vater rief noch, ich solle nicht zu nah ran fahren, sah mich dann aber in der nächsten Runde nach einer leichten Berührung des rechten Stützrades mit dem Gullideckel elegant abheben. Hat das geblutet!

Spüren Sie den Impuls in sich, dass Sie sicher besser auf mich aufgepasst hätten? Ich kenne das Gefühl. Aber ich bin fest überzeugt, dass Menschen lernen müssen, was sie sich zutrauen können. Und das können sie nur durch Ausprobieren. Übrigens, mein Bruder hat sich bei einem Sturz den Unterarm gebrochen. Klar, wenn wir ihn hätten bewahren können, hätten wir es auch gemacht. Die Grenze des Ausprobierens ist da, wo Menschen sich tatsächlich selbst gefährden, weil sie noch nicht gelernt haben, für sich selbst Verantwortung zu übernehmen. Die Chance des

Ausprobierens liegt da, dass Menschen auf ungeahnte Ideen kommen, wenn sie die Freiheiten und äußere Anreize haben.

Oder wären Sie auf die Idee gekommen, mir das Schreibmaschinenschreiben beibringen zu wollen? Als mein Bruder in seiner Jugend einen Schreibmaschinenkurs besuchte, habe ich natürlich ausprobiert, ob ich das auch kann. Heute schreibe ich, ohne auf die Tastatur zu schauen, und sicher dreimal so schnell wie Sie per Hand.

Ich darf rausfinden, wie es geht

Nun habe ich Ihnen Schlittengeschichten erzählt zum Thema: Ich darf ausprobieren, was ich kann. Manchmal dürfen Menschen entscheiden, was sie tun, bekommen aber gesagt, wie sie es zu machen haben. Das wäre der Fall gewesen, wenn ein Erwachsener, natürlich in bester Absicht, versucht hätte, Marleen zu zeigen, wie Eierschälen denn »richtig« geht. Sie haben vielleicht auf den Bildern gesehen, dass ganz schön viel Ei an der Schale geblieben ist. Das hätte Marleen auch »besser« machen können. Also, aus meiner Perspektive hätte sie es besser machen können. Sind Sie auch schon Menschen begegnet, die genau wissen, wie Sie etwas zu tun oder zu lassen haben? Chefs, die bis ins Detail festlegen, wie Ihre Präsentation auszusehen hat. Eltern, die größten Wert darauf legen, dass man Arbeitsblätter immer von oben nach unten ausfüllt.

Wer Menschen stärken will, der darf sie den eigenen Weg finden lassen. Ein Beispiel aus meiner Berufspraxis. Wir hatten einen integrativen Kunstworkshop im Institut. 55 Menschen haben an vier Tagen 40 Stühle bemalt. Kleine Teams wurden gebildet, die jeweils mehrere Stühle bemalen durften. Gemeinsam mit mir waren ein junger Mann mit einer starken Spastik in der Gruppe und zwei weitere Farbenfans. Die Spastik des jungen Mannes bewirkte, dass er recht ausladende und kraftvolle Bewegungen mit seinen Händen machte. Als alles aufgebaut war, der Stuhl, etliche Pinsel und viele Farben vor uns standen, sagte dieser junge Mann: »Ich will nicht malen!« Ich antwortete, etwas verwundert: »Wieso willst du nicht malen?« Darauf die prompte Antwort: »Ich hasse malen.« »Ähh«, zögerte ich, »aber du hast dich zu einem viertägigen Malworkshop angemeldet.« »Das hat meine Gruppenleiterin gemacht.« Upps, dachte ich, da kommt ein Problem auf uns zu. Da mir aber spontan nichts einfiel, bat ich den Mann die erste Runde Malen abzuwarten. In der Pause könnten wir überlegen, was er die vier Tage machen wolle. Die Pause kam, ich ging etwas trinken, kam zurück in den Raum und fand den Mann vor dem Stuhl. In seiner Faust einen Pinsel. Den hämmerte er in ein Farbtöpfchen, um kurze Zeit später auf den Stuhl einzustechen. Nach wenigen Farbladungen sah der Pinsel aus wie eine explodierte Ananas. Ganz spontan wollte ich so reagieren. »Hey, so geht das nicht. Du machst ja den Pinsel kaputt. Nimm den mal so in die Hand und dann langsam von oben nach unten.« Zum Glück habe ich nicht spontan, sondern überlegt reagiert. Ich habe nämlich erst einmal gar nichts gesagt und mich auch nicht weiter um den Mann Anfang 20 gekümmert. Nach einiger Zeit habe ich ihn angesprochen: »Du hast angefangen zu malen.« »Ja, ich fand, da fehlt ein wenig Grün.« Ich weiß nicht, ob irgendjemand zu früheren Zeiten versucht hat, dem Mann beizubringen, wie man einen Pinsel »richtig« führt. Ich habe auch keine Ahnung, wie viele Pinsel im Laufe der vier Tage zu Ananas verwandelt wurden, aber das war es wert. Er durfte ausprobieren, wie er malen kann, und er hat seinen Weg gefunden. Bis in den Abend hinein hat er unermüdlich den Stuhl mit Farbe gestaltet.

Zur starkmachenden Freiheit gehört es, herauszufinden, wie ich etwas bewältigen kann. Es gibt nämlich so gut wie immer viele Wege, die zum Ziel führen. Selbst rechnen kann man auf unterschiedliche Arten. Meine Nicht klärte mich auf, dass ich völlig falsch schriftlich teile. Sie hätten das in der Schule ganz anders gelernt. Zum Lernen gehört Freiheit.

Ich trau dir das zu

Menschen werden stark, wenn sie sich selbst neue Herausforderungen suchen dürfen. Gleichwohl spielen Mitmenschen eine wichtige Rolle dabei. Das Zutrauen anderer Menschen kann uns stärken.

Bei einem Besuch im Kindergarten meiner Schildgener Gemeinde beobachtete ich Folgendes: Ein vierjähriger Junge stand unter einem Baum, in dessen Krone schon die älteren Kinder kletterten. Der unterste Ast war für ihn zwar erreichbar, aber der kleine Junge schien zu zweifeln, ob er einen Versuch wagen sollte. Eine Erzieherin sah die Szene und ging zu ihm: »Willst du auch klettern?«, fragte sie. Der Junge nickte zaghaft mit dem Kopf. »Na, dann fang doch an«, ermutigte die Erzieherin, »ich glaube, du schaffst das.« Der Junge schüttelte seinen Kopf. »Wie wäre es, wenn ich meine Arme unter dich halte. Wenn du fällst, fange ich dich auf.« Erst blickte er seine starke Freundin an, dann legte er seine Hände um den Ast. Mit aller Kraft schwang er seine Beine hoch. Die Arme der Erzieherin berührten nur leicht seinen Rücken. Sie half ihm nicht beim Klettern, aber sie verhalf ihm zu Sicherheit. Dann saß er auf dem untersten Ast des Baumes, grinste, streckte die Arme aus und ließ sich in die haltenden Hände der Erzieherin fallen.

Was gefällt mir an dieser Geschichte? Es ist der Wunsch des Jungen, der ihn klettern lässt. Kein Sportlehrer nötigt ihn die Kletterwand hinauf. Zur Rettung der Sportlehrer sei gesagt, ich hatte nie einen solchen, aber vor langer, langer Zeit soll es sie gegeben haben. Die Erzieherin erkennt den Respekt des Jungen vor der Aufgabe und versucht nicht, ihn groß zu reden. Im Sinne von »Du schaffst das schon. Ist gar nicht so schwer, wie es aussieht.«

Stark werden Menschen nicht, indem man ihnen Stärke einredet. Stark werden sie durch das Erleben der eigenen Stärke. Und genau das ermöglicht die Erzieherin hier. Sie sagt dem Jungen, dass sie es ihm zutraut, und bietet ihm zugleich ihre eigene Kraft zum Schutz an. Zutrauen ist etwas anderes als Einreden. Sie vertraut der Kraft des Jungen, aber sie lässt ihn nicht auf sich alleine gestellt probieren. Ich bin bei dir. Ich stärke dich.

Übrigens, die letzten beiden Sätze sind ein biblisches Zitat. Gott beauftragt immer wieder Menschen zu einer Aufgabe, die den so Beauftragten als zu groß erscheint. Mose (2. Mose 3+4), Jeremia (Jeremia 1), Jona (Jona 1) und vielen anderen geht es so. Und sie alle bekommen Gottes Gegenwart und Stärke zugesagt. Und wie der Junge auf dem Baum sich in die Arme seiner Gefährtin hat fallen lassen – schließlich will man wissen, ob die Gefährtin wirklich hält, was sie verspricht –, so erleben auch die Propheten Gottes Dabeisein und ihre eigene Kraft.

Was willst du, dass ich dir tun soll?
Habe ich Ihnen eigentlich schon eine biblische Geschichte erzählt? Nein? Dann wird es höchste Zeit. Die Hochachtung vor dem Willen des Einzelnen ist nämlich ein wichtiges biblisches Thema, das allerdings zuweilen übersehen wird. Sätze wie »Nicht mein, sondern dein Wille geschehe« (Lukas 22,42) oder »Dein Reich komme, dein Wille geschehe« (Matthäus 6,10) werden oft als Ideal für den glaubenden Menschen gepredigt. Der Mensch soll sich Gottes Wil-

len unterwerfen und gehorchen, statt eigen-willig zu sein. Übersehen wird dabei zweierlei: Der erste Satz stammt von Jesus, der vor seinem Tod im Garten Gethsemane betet. Er weiß genau, was er will, nämlich, dass der Kelch des Leides an ihm vorüber geht. Und er sagt dieses deutlich. Sein Satz »Dein Wille geschehe« zeugt hier von dem tiefen Vertrauen, ein anderer könne besser wissen, was gut für ihn ist, als er selbst, beziehungsweise ein anderer erkenne besser, dass der Wunsch des Einzelnen hinter dem Wohle vieler zurückstehen solle. Hier ist nicht von blindem Gehorsam die Rede, sondern von gewachsenem Vertrauen. Unbedingte Voraussetzung für den Satz Jesu ist die Überzeugung: Gott meint es gut mit mir. Das ist bei dem zweiten Satz, »Dein Reich komme, dein Wille geschehe«, der aus dem Vaterunser stammt, nicht anders. Nicht der eigene Wille wird abgewertet, nein, der wird sogar vorausgesetzt. Sondern das berechtigte Vertrauen in einen anderen, in diesem Falle Gott, wird aufgewertet. Glauben heißt sich anvertrauen, weil dieser vertrauenswürdig ist. Der eigene Wille ist durchweg positiv zu betrachten.

Ein paar Belege für meine Meinung. Abraham feilscht mit Gott um die Menschen in Sodom (1. Mose 18,16–33). Gott will die Stadt vernichten, doch Abraham mahnt an, es seien doch auch gerechte Menschen dort. Lesen Sie mal, wie mutig, ja fordernd Abraham zu Gott spricht: »Vielleicht gibt es fünfzig Gerechte in der Stadt: Willst du auch sie wegraffen und nicht doch dem Ort vergeben wegen der fünfzig Gerechten dort? Das kannst du doch nicht tun, die Gerechten zusammen mit den Ruchlosen umbringen. Dann ginge es ja dem Gerechten genauso wie dem Ruchlosen. Das kannst du doch nicht tun. Sollte sich der Richter über die ganze Erde nicht an das Recht halten?« Haben Sie schon mal so mit Gott gesprochen? »Das kannst du doch nicht tun« hört sich nicht nach einem falsch verstandenen »Dein Wille geschehe« an, oder!? Der eigene Wille ist nicht mit Selbstsucht und Leben auf Kosten anderer zu verwechseln.

Für mich persönlich ist aber eine andere Geschichte ermutigend. Nämlich die des blinden Bettlers Bartimäus (Markus 10,46–52). Die muss ich einfach erzählen.

Jesus war in Jericho. Da hat er gepredigt, gut gepredigt. Die Menschen waren begeistert. Solche Worte hatten sie noch nicht gehört. Sie waren ganz aus dem Häuschen. Im wahrsten Sinne des Wortes. Als Jesus Jericho verließ, da liefen die Menschen mit aus der Stadt. Viele folgten Jesus und hörten ihm weiter zu. Am Straßenrand sitzt Bartimäus. Bar Timäus ist Aramäisch und heißt »Sohn des Timäus«. Der Mann am Straßenrand hat keinen Namen. Ich heiße Rainer. Mein Vater heißt Helmut. Wenn ich mir vorstelle, dass die Leute nur »Sohn von Helmut« zu mir sagen würden, das wäre schrecklich. Wenn man keinen Namen hat, dann ist man auch nicht wichtig. Bartimäus ist blind. Er sieht die vielen Menschen nicht. Aber er kann sie hören: Ihre Schritte, das Gemurmel ihrer Stimmen, das Rascheln ihrer Kleider. Und irgendwie findet Bartimäus heraus, dass Jesus an ihm vorbeigeht. Von dem hatte er schon viel gehört. Gehört, dass er Bettler und Reiche, Frauen und Männer, starke und bedürftige Menschen gut behandelt. Und er hatte gehört, dass Jesus Menschen von ihrer Behinderung befreit. Das hatte sich Bartimäus schon immer gewünscht: Sehen können. All die schönen Dinge. Wenn er sehen könnte, dann ..., ja, dann müsste er auch nicht mehr am Straßenrand betteln. Dann könnte er einen Beruf haben, arbeiten, eigenes Geld verdienen. Dann würden die Leute ihn auf der Straße mit seinem Namen begrüßen.

Bartimäus will nicht am Rand sitzen, sondern zu den anderen gehören. Ich kann Bartimäus gut verstehen. Es ist doof, nicht mitmachen zu können, wenn andere Volleyball spielen. Es kann wehtun, am Rande einer Stadt in einem Wohnheim für Menschen mit Behinderung zu leben, wo doch die anderen Menschen mitten im Zentrum leben. Bartimäus ist nicht bei den vielen anderen, sondern er sitzt am Rande. Das findet er ungerecht. Und so schwach seine Augen sind, so stark ist doch sein Wille. Bartimäus stellt sich sein Leben anders vor. Er will es ändern. Und da kommt Jesus, der das Leben ändern kann. Und so fängt er an zu rufen: »Jesus, du Sohn Davids, erbarme dich.« Hilf mir, hol mich raus aus meinem Elend. Die Worte von Bartimäus sind klar und deutlich. Kräftige Worte, laute Worte. Die Worte treffen aber auf die falschen Ohren. Jesus ist zu weit weg, um Bartimäus zu hören. Die Menschen drumherum, die hören ihn. Und deswegen können sie Jesus nicht mehr verstehen. Also schimpfen sie Bartimäus aus: »Hör auf zu rufen, sei still.« Vielleicht sogar »Halts Maul«.

»Viele fuhren ihn an, er solle stillschweigen«, heißt es in der Geschichte. Nicht nur einer, viele wollten ihn zum Schweigen bringen.

Und nun passieren drei wundersame Dinge. Wäre ich Bartimäus, ich hätte wohl aufgegeben, zu rufen. Ich mag es nicht, wenn ich unangenehm auffalle. Bartimäus aber schreit umso lauter: »Jesus, erbarme dich meiner.« Ich kann mir vorstellen wie es dem Schreihals Bartimäus erging. Bartimäus brüllt. Seine Worte sind so stark wie sein Wunsch. Wie werden ihn die Leute angesehen haben, diesen Ruhestörer? Das ist wunderbar: Bartimäus findet sich nicht mit seiner Situation ab. Er schreit an gegen Ungerechtigkeit.

Und jetzt endlich hat Jesus ihn gehört. Da braucht einer seine Hilfe. Da ist jemand in Not. Der schreit die Not hinaus. Was, denken Sie, wird Jesus nun tun? Ich habe erwartet: Jesus geht zu dem Menschen, beugt sich über den, der da blind im Straßengraben sitzt, legt ihm die Hände auf und heilt seine Augen. Aber, weit gefehlt. Es kommt ganz anders. Jesus heilt nicht, sondern er spricht: »Ruft ihn her.«

Jesus spricht zu den Menschen. Holt ihn her, dreht euch um, wehrt ihn nicht mit Worten ab, sondern wendet euch diesem Menschen zu. Der gehört in unsere Mitte, nicht an den Rand. Jesus schimpft die Menschen nicht aus. Er ermahnt sie nicht. Sondern er spricht freundliche Worte zu den Menschen und die verändern ihr Verhalten. Vorher haben sie Bartimäus in den Graben gestoßen, nun holen sie ihn aus dem Graben. Die Menschen helfen Bartimäus: »Sei getrost, steh auf! Er ruft dich!«

Das Zweite, was wunderbar ist: Jesus verändert mit einem Wort die Menschen. Aus Abweisenden werden Zugewandte.

Und da steht er nun: Bartimäus, mittendrin unter all den anderen. Plötzlich steht er im Mittelpunkt. Und Jesus fragt ihn: »Was willst du, dass ich für dich tun soll?« Hä, habe ich mich jetzt verlesen? »Was willst du, dass ich für dich tun soll?« Hör mal, Jesus, was für eine blöde Frage! Das sieht doch ein Blinder. Das ist doch völlig klar. Der will sehen können! Doch, Moment mal. Vielleicht ist die Frage nicht so dumm, wie ich dachte. Vielleicht sieht Jesus mehr als ich.

Ich stand einmal vor einem Büfett und da war kein Platz, um meinen Teller abstellen zu können und mir etwas aufzutun. Eine Dame fragte mich, ob ich Hilfe brauche. Als ich ja sagte, nahm sie meinen Teller, drehte sich um und fing an, alles Mögliche auf meinen Teller zu schaufeln. »Moment mal«, stoppte ich sie, »woher wissen Sie eigentlich, was ich gerne esse?« Ich erklärte ihr: »Ich bin nur an meinen Armen behindert, nicht an meinem Willen.« Es sind nur die Augen des Bartimäus behindert, nicht sein Wille.

Respekt vor den Wünschen eines Menschen ist für Jesus offensichtlich wichtig. Es ist wichtig, dass Menschen für sich selbst reden dürfen und dass man jedem zuhört. Wer meint, immer schon zu wissen, was andere Menschen brauchen und wünschen, der übersieht den anderen. Der ist der eigentlich Blinde, weil er keine Augen hat für das, was andere wollen.

Die Geschichte begann mit dem Rufen des Bartimäus. Sie endet mit einem Wort Jesu: »Dein Glaube hat dir geholfen«, heißt es. Jesus lobt den Kampfgeist des Bartimäus, der dagegen kämpft, an den Rand gedrückt zu werden. Kein Mensch hat es verdient, namenlos zu sein. Bei Gott darf jeder zu Wort kommen. Jeder und jede hat etwas zu sagen. Das ist das dritte Wunder: Jesus nimmt Bartimäus ernst.

Vielleicht sagen Sie jetzt, ja, aber da ist doch sicher noch ein viertes Wunder. Jesus wird doch bestimmt den Blinden sehend machen? Schauen wir uns das Ende an: »Jesus sprach zu ihm: Was willst du, dass ich für dich tun soll? Der Blinde sprach zu ihm: Lehrer, dass ich sehend werde. Jesus aber sprach zu ihm: Geh hin, dein Glaube hat dir geholfen. Und sogleich wurde er sehend und folgte ihm nach auf dem Wege.« Bartimäus wird geheilt. Und er folgt Jesus nach!

Meine Behinderung ist nicht geheilt worden, meine Arme sind immer noch kurz. Aber mitten drin im Leben kann ich auch sein.

Die Frage »Was willst du, dass ich dir tun soll?« und die Zusage »Dein Glaube hat dir geholfen« sind typisch für das Zusammentreffen Jesu mit behinderten, kranken und schwachen Menschen. Jesus heilt nicht nur, sondern er richtet Menschen auf.

9.2 Ein anderer bestimmt –
einander stark machen

Hilf mir, es selbst zu tun
Es gibt viele Wege, eine Herausforderung anzugehen, sagte ich. Das ist mein fließender Übergang zu diesem Unterkapitel. Oft ist da nicht nur ein einzelner Mensch, der frei und ungebunden bestimmt, welche Herausforderung er oder sie als Nächstes angeht. Andere Menschen spielen in

unserem Leben eine wichtige Rolle. Lehrerinnen geben uns Aufgaben, Chefs stecken Ziele und Eltern haben klare Vorstellungen für ihre Kinder.

Menschen haben große Möglichkeiten, andere Menschen aufzubauen, zu stärken, ja zur Entfaltung kommen zu lassen oder eben das Gegenteil zu bewirken. Ja, wir brauchen sogar Menschen, die uns stärken. Und das nicht nur auf der Beziehungsebene, sondern auch für Erfolgserlebnisse. Oft sind es andere Menschen, die uns dazu anregen, neue Möglichkeiten, ja neue Welten zu entdecken. Wie also können wir einander durch Herausforderungen stärken?

Lassen Sie mich zuerst ein Negativbeispiel erzählen. Die Geschichte ähnelt zwar der Pinsel-Ananas-Story, da sie aber meiner Grundschullehrerin passiert ist, also einem Profi in Sachen »Menschen stärken«, hat sie viel Charme. Und wenn schon einer Lehrerin so etwas passiert, dann brauchen Sie und ich kein schlechtes Gewissen zu haben, wenn wir uns mal dusselig anstellen.

Ich habe Ihnen gerade erzählt, wie wichtig Ausprobieren und Selbstbestimmendürfen fürs Starkwerden sind. Und ich habe Ihnen erzählt, wie meine Eltern gemeinsam mit mir lernten, welche Herausforderungen ich meistern kann. Damit hatten meine Eltern meiner Grundschullehrerin in der ersten Klasse etwas voraus. Sie kannten mich.

Recht bald nach meiner Einschulung stand Lesen und Schreiben auf dem Trainingsplan, Verzeihung Stundenplan. Als ausgebildete Sonderschullehrerin hatte meine Lehrerin freilich gelernt, dass Kinder ohne Arme auch mit den Füßen schreiben können. Also besorgte sie mir einen

Schreibtisch, den man ganz individuell, ja sogar bis auf den Boden niederlassen konnte. Sie zog mir den linken Schuh und Socken aus (am rechten Bein trug ich ja eine Prothese) und klemmte mir einen Stift zwischen die Zehen. So fing ich an, meine ersten Buchstaben mit den Füßen zu schreiben. Eines Tages musste sie für ein paar Minuten aus der Klasse gehen. Sie bat uns, weiterzuschreiben, bis sie zurückkäme. Das war meine Chance. Ich hob Blatt und Stift vom Boden auf, suchte mir einen freien Tisch, nahm den Stift zwischen meine Arme und schrieb eilends die Übung weiter. Beinahe wäre ich fertig geworden, aber meine Lehrerin kam vorher zurück. Sie sah mich, wie ich an einem anderen Platz sitzend schrieb, und rief entsetzt aus: »Was machst du denn da?«. Ich hatte sofort das Gefühl, erwischt worden zu sein, und stammelte: »Ähh, ich mache doch nur meine Aufgaben, ganz bestimmt.« »Das sehe ich«, sagte sie, »aber du schreibst ja mit den Armen.« »Na klar«, gab ich zurück, »zu Hause mache ich das immer so, ist doch viel einfacher.« Nun, sie war etwas verlegen und meinte dann zögerlich: »Also, wenn du lieber mit den Armen schreibst, dann darfst du das natürlich auch hier.«

Warum erzähle ich diese Geschichte? Meine Lehrerin hatte eine genaue Vorstellung in ihrem Kopf, wie ein Junge mit kurzen Armen zu schreiben hat. Sie dachte, sie wüsste am besten, wie es geht. Sie meinte es aus tiefem Herzen gut mit mir, daher war ich ihr nicht böse. Aber wenn sie mich gefragt hätte, ob und wie ich einen Stift halten kann, dann hätte ich es ihr gesagt. Meistens wissen Menschen selbst am besten, wie sie die Dinge anpacken. »Hilf mir, es selbst zu tun«, hat Maria Montessori als pädagogischen Grundsatz formuliert. Übrigens gibt es zwei Menschen, die in dieser Situation etwas gelernt haben. Erstens meine Lehrerin. Die hat fortan uns Kinder gefragt, auf welche Art und Weise wir das Problem angehen wollen. Sie hat es uns Kindern überlassen, eine Lösung zu finden. Und zweitens ich. Ich habe gelernt, ich kann und darf selbst herausfinden, wie es geht. Und ich lernte, meine Lehrerin war nicht streng, sondern ihr lag viel an meinem Wohl. Die war gar nicht böse auf mich. Im Gegenteil, wenn ich eine gute Idee hatte, hat sie sich sogar darüber gefreut. Durch das Verhalten meiner Lehrerin bin ich immer mutiger geworden, weil ich ja wusste, sie will meine Ideen hören. Wir durften ihr sogar sagen, wann der Unterricht langweilig wurde.

Hätte sich meine Lehrerin damals anders verhalten, wäre ich heute ein anderer Mensch. Sie hätte auch darauf bestehen können, dass ich gefälligst mit dem Fuß zu schreiben habe. Gute Argumente hätte sie finden können: »Du musst deinen Rücken schonen«, »deine Augen sind zu nah am Papier« oder Ähnliches. Sie hätte mich sogar zwingen können (wie es ja vielen Linkshändern ergangen ist, die »umgelernt« wurden). Dann hätte ich vermutlich gehorcht, aber eine vertrauensvolle Beziehung wäre dann kaum mehr möglich gewesen.

Kleiner Exkurs für Besserwisser und Angeber

Ich habe eben angemerkt, dass meine Lehrerin es aus tiefstem Herzen gut mit mir meinte. Das glauben oft auch die Menschen, die andere belehren, statt sie selbst lernen zu lassen. Da bekommt jemand ein Rätsel gestellt und während dieser überlegt, kommt ein Neunmalkluger daher und verrät die Lösung. Vielleicht fügt er souverän lächelnd hinzu: »Das war doch leicht.« Und manchmal glaubt dieser Mensch sogar, er hätte dem Lösungssuchenden geholfen. Es gibt Menschen, die meinen, sie wüssten mit ihrer großen Lebenserfahrung Bescheid (und vielleicht gehöre ich ja auch dazu). Allzu gerne geben wir unser Wissen und Können an die weiter, die wir für dümmer, schwächer und unselbstständiger halten. Das ist schön, allerdings nur schön für uns. Es gibt uns Klugscheißern das gute Gefühl stark, wissend und kompetent zu sein. Wir geben vor, einem anderen zu helfen, aber in Wirklichkeit helfen wir uns selbst. Denn unser Gegenüber wird sich klein und schwach fühlen. Ich habe nämlich nicht gelernt, wie das Rätsel zu knacken ist, sondern, dass ein anderer es viel besser kann. Besserwisser bauen Menschen nicht auf, sondern machen sie klein. Wer Menschen stark machen will, der lässt sie den eigenen Weg finden.

Hilfreich ist mir da Käpt'n Blaubär. Sie kennen doch diese WDR-Kindersendung!? Der Käpt'n erzählt Seemannsgarn, dass sich die Balken biegen. Und Hein Blöd, sein Matrose, glaubt alles, oder versteht nichts, wie man will. Zum Glück aber gibt es die drei Enkel, die sich jede Geschichte geduldig und voller Staunen anhören. Doch am Ende entlarven sie diese stets als hoffnungslos übertrieben bzw. frei erfunden.

Aber was tut man nicht alles, um dem anderen das gute Gefühl zu geben, er sei eine ganz große Nummer. Wenn Ihnen also demnächst jemand begegnet, der Ihnen ganz beiläufig erzählt, wie bedeutend er ist und was er alles geschafft hat, dann hören Sie geduldig zu und staunen Sie.

Mit Ihrer Bewunderung tun Sie ihm einen großen Gefallen. Doch schützen Sie sich davor, sich angesichts eines so bewundernswerten Menchen selbst klein zu fühlen.

Können auch stark abhängige Menschen selbstbestimmt leben?

Wie ist es aber mit der Eigeninitiative und Selbstbestimmung, wenn ich es mit extrem angewiesenen Menschen zu tun habe? Ich denke an schwerst mehrfach behinderte Menschen oder an sehr pflegebedürftige alte Menschen und schließlich an Kleinkinder. Menschen, deren Kompetenz, alleine das Leben zu bewältigen, (noch) stark eingeschränkt ist. Ist mein Ideal des Selbstbestimmendürfens für diese Menschen nicht ein frommer Wunsch? Ja, das ist es. Es ist auch ein frommer Wunsch. Ich wünsche mir und jedem Menschen ein größtmögliches Maß an Selbstständigkeit. Für mich ist es ein kostbares Gut, das Menschen stark macht. Aus eigener Erfahrung weiß ich, wie es ist, auf die Unterstützung anderer Menschen angewiesen zu sein. Sie erinnern sich an meinen Bruder, der mir im Wald zum Glück angemessen geholfen hat, wenn ich mal musste. Viel schöner war es dann aber, als ich gelernt hatte, alleine zur Toilette zu gehen. Das war ein erhebendes Gefühl!!! Zum ersten Mal konnte ich für mehrere Stunden alleine bestimmen, wohin ich gehen wollte. Ich war nur noch angewiesen auf meinen Anziehstab und nicht mehr auf »Anziehmenschen«.

Zurück zu meiner Frage: Wie steht es um die Selbstbestimmung extrem angewiesener Menschen? Nun, ich meine nicht anders als bei jedem anderen auch. Jedem Menschen tut es gut, einen Lebensraum zu haben, in dem man selbst bestimmen darf. Es gibt aber zwei Besonderheiten, die zu beachten sind. Und die betreffen die Menschen, die Unterstützung gewähren. Erstens, es besteht die Gefahr, durch zu viel Hilfe Unselbstständigkeit zu vergrößern. Und zweitens, Unterstützer können mit ihrer Hilfe neue Räume der Selbstbestimmung schaffen. Ich erzähle eine kurze Anekdote, um zu zeigen, was ich meine:

Ich gestaltete mit einer Gruppe von Müttern mit ihren zum Teil sehr stark behinderten Kindern ein Wochenende. Beim Frühstück fragte ich einen jungen Mann, der im Rollstuhl saß und nur schwer sprechen konnte, was er trinken wolle: Tee, Kaffee oder Milch? Seine ihm gegenüber sitzende Mutter antwortete: »Er trinkt morgens immer Milch.« Also bekam er Milch. Ich aber merkte auf. Warum antwortet die Mutter stellvertretend für ihren Sohn? Kann er wirklich nicht selbst entscheiden oder war die Mutter es nur gewohnt, stellvertretend für den angewiesenen Sohn zu entscheiden? Das wollte ich ausprobieren. Also bat ich eine Dame vom Service für das Frühstück am nächsten Tag an den Platz des jungen Mannes jeweils einen Becher Kaffee, Tee und Milch zu stellen. Die Mutter und eine andere Mutter bat ich, für mich ein paar Dinge in unseren Seminarraum zu tragen. Ich schnappte mir dann den Milchfan und wir gingen zum Frühstück. An seinem Platz angekommen, sagte ich und zeigte dabei auf die drei Becher: »Hier sind Milch, Kaffee und Tee. Nimm einfach, was du gerne trinken möchtest.« Behutsam roch er an jedem Behältnis und griff dann zum Kaffee. Er probierte und das Ergebnis war offensichtlich nach seinem Geschmack. Als die Mutter zum

Frühstück kam, hatte der junge Kaffeefan bereits den Becher zu einem Drittel geleert. Überrascht sah mich die Mutter an und sagte: »Mein Sohn trinkt ja Kaffee?« Darauf ich: »Hmm, irgendjemand hat hier schon Becher mit allen Getränken hingestellt und er hat sich den Kaffee genommen. Es scheint ihm aber zu schmecken.«

An dieser Begebenheit wurde mir klar, dass Menschen für andere Menschen einen Selbstbestimmungsraum schaffen können. Im einfachsten Falle, indem wir zwei oder drei Alternativen anbieten. Entweder mit Worten oder mit Taten. Auch Menschen, die nicht sagen können, was sie wollen, aber entsprechend handeln können, haben dann die Möglichkeit, selbst zu entscheiden. Im Pädagogisch-Theologischen Institut gestalten wir während unserer Kurse mit geistig behinderten Menschen häufig Bilder oder wir bauen etwas. Das Motiv, die Auswahl der Farben, das Tempo des Arbeitens, all das dürfen und sollen die Menschen selbst entscheiden. Erst, wenn jemand lange vor einem leeren Blatt sitzt oder sagt, er wisse nicht, wie er anfangen solle, bieten wir Unterstützung an.

Selbst etwas bestimmen können ist eine Fähigkeit, die wir wie alle Fähigkeiten im Laufe unseres Lebens erlernen. Manche schneller, andere langsamer. Dabei kann es Überforderungen geben, etwa wenn ein Dreijähriger entscheiden soll, bei welcher Bank seine Eltern das erste Konto für ihn anlegen, und es kann Unterforderungen geben, wenn etwa Eltern für ihre fünfzehnjährige Tochter entscheiden, in welcher Farbe ihr Zimmer gestrichen wird. Für mich gilt der Grundsatz: So viel Selbstbestimmung wie möglich, so viel Unterstützung wie nötig. Was aber möglich, bzw.

nötig ist, finden wir wieder nur durch Ausprobieren heraus.

Ich zeige dir ein neues Land

Nach der Geschichte mit meiner Grundschullehrerin, die
meine Autonomie eine kurze Zeit nicht beachtet hatte, und
nach der Kaffeefananekdote möchte ich Sie daran erinnern,
wie ich angefangen habe Tischtennis zu spielen (s. Kap. 2.4
Spielend gewinnen). Da bin ich ja zu Anfang an einer Herausforderung gescheitert. Ich wollte genau wie die anderen
Kinder Tischtennis spielen. Meine Idee war, ich halte den
Schläger mit beiden Armen fest. Doch bald schon merkte
ich: Das ist zu anstrengend. Dann habe ich probiert, den
Schläger unter den rechten Arm zu klemmen. So konnte
ich ihn länger festhalten, aber ich hatte nur noch eine Seite des Schlägers zum Spielen frei. Was ich auch ausprobiert
habe, ich war unzufrieden mit dem Ergebnis. Es war Herr
Lutz, der eine Idee hatte, die mich weiterbrachte. Ich will
es im Detail erzählen, denn die einzelnen Schritte sind
wichtig. Herr Lutz sah mich, als ich das Tischtennisspielen
bereits aufgegeben hatte. Ich stand neben der Platte und
zählte die Begegnungen der anderen Kinder. Vermutlich
sah ich ein wenig frustriert aus. Jedenfalls kam der nette
Herr zu mir und fragte, ob ich nicht auch spielen wolle.
Und ob ich wollte, »aber es geht nicht«, antwortete ich. »Ich
kann den Schläger nicht festhalten.« Er fing an zu grübeln.
»Hm, du kannst den Schläger nicht festhalten! Ich werde
mal darüber nachdenken. Vielleicht fällt mir was ein, wie
es doch klappen könnte.« Am nächsten Tag war er wieder
da. In einem Jutesack hatte er Schaumstoff, ein paar Holz-

stäbe und Schnur. »Ich glaube, ich hätte da eine Idee für dich«, begann er. »Wenn du den Schläger nicht halten kannst, dann muss sich eben der Schläger an dir festhalten.« Ich blickte ihn fragend an. »Ich möchte versuchen, dir den Schläger an den Arm zu binden.« Auf einmal war ich Feuer und Flamme. Den ganzen Nachmittag haben wir gebastelt. Immer wieder musste ich ausprobieren, ob der Schläger hält und auch nirgendwo drückt. Dann war es vollbracht. Herr Lutz hatte den Schläger fest an die Schaumstoffmanschette gebunden und ich konnte spielen. Ein Mensch, der seine Kreativität für mich eingesetzt hat, hat mein Leben verändert. Heute erst verstehe ich, wie viel Herr Lutz richtig gemacht hat. Erstens: Er war selbstlos interessiert am Wohl eines anderen Menschen. Der traurig blickende 12-Jährige hätte ihm völlig egal sein können. Zweitens: Er hat meinen Wunsch entdeckt und ernst genommen. Er hat mich zu nichts gezwungen, was ich nicht wollte. Er hat an meinem eigenen Interesse angeknüpft. Drittens: Immer wieder hat er mich entscheiden lassen, ob der Schläger so gut sitzt. Obwohl mir geholfen wurde, fühlte ich mich aktiv beteiligt.

Andere Menschen können uns beim Starkwerden unterstützen. Indem sie uns lernen lassen wie meine Lehrerin oder indem sie uns einen Weg zeigen wie Herr Lutz. Manchmal öffnen andere Menschen sogar einen ganz neuen Lebensraum. So erging es mir mit meinem Deutschlehrer in der Oberstufe. Ohne ihn hätte ich vermutlich nicht Theologie studiert. Mein Verhältnis zum Fach Deutsch und damit zum Umgang mit Texten war bis zur Mittelstufe gut bis befriedigend. Lesen und Schreiben gehörten nicht zu meinen Hobbys, aber ich hatte auch nichts dagegen. Hin und wieder ein Krimi oder ein Roman, das war okay. Aber telefonieren war definitiv besser als schreiben. Dann wechselte ich von der Realschule aufs Gymnasium. Mein neuer Deutschlehrer war streng, das merkte ich bald. Er legte viel Wert auf Rechtschreibung und Zeichensetzung. Vor allem aber liebte er die Texte, die er uns zur Lektüre vorlegte. Da hatte er mir einiges voraus. Als ich Goethe lesen sollte, befürchtete ich, die langweiligste Lektüre meines Lebens würde auf mich zukommen. War der nicht schon lange tot? Und nun sollte ich Faust lesen. Doch die Begeisterung meines Lehrers steckte mich bald an. In kleinen Schritten begriff ich, wie wohldurchdacht und meisterlich das Buch verfasst war. Spannende Fragen waren darin enthalten und Antworten, auf die ich nie gekommen wäre. Statt bloß die offenkundige Geschichte zu lesen, entdeckte ich die darin verborgenen Gedanken über das Leben. Schwierige Texte sind für mich heute wie ein Rätsel. Ich suche nach Hinweisen des Verständnisses. Ein Bibeltext erzählt meistens mehr, als ich beim ersten Lesen sehe. So stelle ich mir die Rolle eines Lehrers vor: Bei den Schüler/innen Interesse für eine unbekannte, aber spannende Materie zu wecken. Und das gelingt am besten, wenn eine Lehrerin oder ein Lehrer selbst begeistert und fasziniert ist vom eigenen Unterrichtsfach. Ein solcher Mensch kann uns die Türe zu einer neuen Welt öffnen.

Vertrau mir, ich weiß es besser als du
Eben habe ich über Besserwisser und Aufschneider geschrieben und damit Menschen bezeichnet, die eigene

Stärke aus der Schwachheit von anderen gewinnen. Es gibt aber auch Situationen, in denen Menschen einem anderen Menschen sagen, was dieser tun soll und wie dieser es tun soll. Lehrer geben die Unterrichtsreihe vor, Eltern bestimmen, wann ihre Kinder ins Bett gehen, Trainer erstellen Trainingspläne, Betreuerinnen in Einrichtungen der Behindertenhilfe verbieten übermäßigen Alkoholgenuss, Vorgesetzte verpflichten zu einer Fortbildung. Ihnen werden weitere Beispiele aus Ihrem Leben einfallen. All diese Menschen haben gemeinsam, dass sie in großem Maße über andere bestimmen. Ob das immer so sein muss, sei dahingestellt. Jedenfalls geschieht es. Damit haben diese Menschen erstens eine große Verantwortung und stehen zweitens in einer großen Gefahr. Die Gefahr nämlich besteht darin, dass sich die anvertrauten Menschen klein und fremdbestimmt, ja vielleicht sogar ohnmächtig fühlen. Wie also können Menschen über andere Menschen so bestimmen, dass es gut für die »Fremdbestimmten« ist? Und was genau meint gut?

Ein Beispiel. Meine Tischtennistrainerin entdeckte nach einer Videoaufzeichnung eine Schwäche in meinem Spiel. Immer, wenn ich erst einen Ball auf den Körper und dann einen in meine tiefe Rückhand (also deutlich rechts neben meinen Körper) bekam, versuchte ich diesen Ball beinahe als Schmetterball zu spielen. Der aber traf so gut wie nie sein Ziel. Ihre Analyse: Die Beine von Rainer sind nicht mehr schnell genug. Daher hat er Angst, nur einen platzierten Spinball zu spielen, weil ja der Block des Gegners vermutlich wieder Laufen bedeuten würde. Da seine Kraft dafür nicht zu reichen scheint, riskiert er lieber den Fehler. Also entwirft sie Übungen, um meine Beinarbeit zu verbessern. Ich darf ehrlich zugeben, dass solche Übungen nicht besonders viel Spaß machen. Es ist gelinde gesagt eine Schinderei. Freies Spiel hat einen deutlich höheren Spaßfaktor. Dennoch trainierte ich fleißig. Warum? Ich glaube, es sind im Wesentlichen drei Gründe. Erstens, ich vertraue meiner Trainerin. Ich bin fest überzeugt, sie meint es gut mit mir. Wäre ich der Überzeugung, dass sie mich laufen lässt, um Mutwillen mit mir zu treiben oder um mir ihre Macht zu demonstrieren, wäre ich nur halbherzig bei der Sache. Zweitens, ich glaube, meine Trainerin weiß es besser als ich. In vielen Trainingseinheiten habe ich erlebt, wie kompetent sie ist. Die versteht ihr Geschäft. Ihr Wissen und ihre Weitsicht übersteigt die meine. Daher bin ich bereit, ihr zu »gehorchen«. Und schließlich drittens, ich erkenne einen Sinn in dem, was ich tun soll. Meine Trainerin hat nämlich die Aufnahmen mit mir gemeinsam angesehen und mir ihre Beobachtungen mitgeteilt. Dadurch wurde mir klar, dass ich meine Beinarbeit tatsächlich verbessern muss. Diese drei Faktoren begründen gute Autorität: Vertrauen, Kompetenz, Einsicht in den Sinn. Diese drei Faktoren muss der »Fremdbestimmte« dem Bestimmenden entgegenbringen. Kinder ihren Eltern, Bedienstete ihren Chefinnen, Spieler ihren Trainerinnen. Die Bestimmenden ihrerseits sollten bemüht sein, sich das Vertrauen zu verdienen, ihre Kompetenz zu erweitern und den Sinn zu vermitteln.

Lassen Sie mich raten, was Sie jetzt denken. Vermissen Sie vielleicht einen Punkt? Beruht Autorität nicht vor allem auf Macht? Kinder müssen doch auch mal gehorchen, wenn sie nicht verstehen, wofür sie das lernen sollen? Der

Chef mag ja inkompetent sein, aber solange er mich rausschmeißen kann, tue ich, was er will. Das Beispiel macht es schon klar: Menschen gehorchen, wenn ihnen mit Strafe oder Belohnung gedroht wird. Ich habe mich bemüht, Latein zu lernen, obwohl ich erstens keine Lust dazu hatte und zweitens nicht eingesehen habe, warum ich eine Sprache lernen soll, die niemand mehr spricht. Meine Motivation war alleine die drohende schlechte Note. Ich habe mein kleines Latinum übrigens mit Ach und Krach mit ausreichend bestanden. Sie können Menschen ohne die oben genannten Kriterien Vertrauen, Kompetenz und Einsicht in den Sinn zweifelsohne dazu bringen, etwas zu tun, aber Sie werden auf diesem Wege nie Höchstleistungen bekommen. Höchstleistungen bringen Menschen nur, wenn sie etwas gerne machen. Und das Lebensgefühl der Untergebenen (oder sollte ich Unterdrückten sagen) wird trübe werden. Versetzt ein Chef eine Mitarbeiterin gegen ihren Willen in eine neue Abteilung, dann wird diese die ersten Wochen damit beschäftigt sein, über ihren blöden Chef zu meckern. Die anfallende Arbeit wird sie erst mal links liegen lassen. Wer mit dem Gebrauch von Machtmitteln andere Menschen dazu bringen will, etwas zu tun, der besitzt schlechte Autorität. Lehrer, die nicht das Vertrauen ihrer Schülerinnen haben, können keinen guten Unterricht mehr machen. Über Chefs, die inkompetent erscheinen, wird man sich lustig machen. Und Kinder, die nicht verstehen, warum sie sofort nach dem Mittagessen Hausaufgaben machen müssen, quengeln rum.

Mir scheint es sogar so zu sein, dass gerade die Menschen, die zu wenig gute Autorität ausstrahlen, sich besonders gerne der Machtmittel der schlechten Autorität bedienen (müssen?). Wer kompetent und souverän ist, dem wird gute Autorität zuerkannt. Wer um seine Autorität bangt, der wird sie mit schlechten Mitteln aufrechtzuerhalten versuchen. Manchmal ist es aber auch schlicht angelerntes Verhalten, was uns dazu bewegt, Sanktionen oder Belohnung zu benutzen. Man weiß es halt nicht besser.

Der Leiter einer Behindertenwerkstatt klagte mir sein Leid: »Immer wieder bekommen wir einen Auftrag, der eigentlich eine Nummer zu groß für uns ist. Aber auch wir müssen auf Wirtschaftlichkeit achten und so nehmen wir den Auftrag an. Und ich muss dann meine Leute antreiben. In einer solchen Woche ist die Atmosphäre in der Werkstatt spürbar gedrückt. Und manchmal machen wir sogar weniger Stückzahlen als in einer normalen Woche.«

In einem Beratungsgespräch erarbeiteten wir folgendes Vorgehen: Beim nächsten Großauftrag rufen Sie alle Mitarbeitenden am Montagmorgen zusammen und erklären, dass wir einen Auftrag haben können, der eigentlich zu groß ist. Wir können ihn nur schaffen, wenn alle ihr Bestes geben. Wenn alle Ja sagen, nehmen Sie den Auftrag an. Dann kommt die Woche mit dem Auftrag. Wieder erfolgt eine Ansprache des Werkstattleiters, der die Besonderheit dieser Woche betont. Es ist wie ein wichtiger Wettkampf. Am Ende eines jeden Tages wird die geschaffte Stückzahl verkündet. Am Ende der Woche muss bei Erreichen des Zieles die Teamleistung gefeiert werden. Und siehe da, es klappte. Alle Mitarbeitenden zogen mit. Während der Woche musste der Leiter nicht einmal seine Leute antreiben, denn diese sorgten gegenseitig dafür, dass jeder arbeitete.

Im Gegenteil, zweimal musste der Chef für die Einhaltung der Pause sorgen, weil jemand durcharbeiten wollte. Als Freitagmittag der Chef verkündete, dass tatsächlich der Auftrag geschafft wurde, brandete Applaus auf. Jedem Einzelnen gratulierte der Werkstattleiter und gemeinsam erhob man das Glas auf das Team. An diesem Beispiel können Sie sehen, wie die Einsicht in den Sinn einer Arbeit und das Gefühl, es kommt auf mich an, Menschen motiviert.

Eine letzte Anmerkung. Einige Chefs könnten nun auf die glorreiche Idee kommen: Was einmal klappt, klappt auch zweimal. Was zweimal klappt, klappt immer. Nein, tut es nicht! Außergewöhnliche Leistungen bringen wir nur für außergewöhnliche Aufgaben. Es muss auch Routinewochen geben, sonst sind die Mitarbeitenden irgendwann überfordert und brennen aus. Ein Sportler kann nicht immer seine persönliche Bestleistung bringen. Aber immer wiederkehrende Höhepunkte haben freilich einen Trainingseffekt. Wer immer wieder an seine Leistungsgrenze geht, wird bald merken, dass auch die Leistungsfähigkeit für den Alltag gestärkt wird.

Ich bringe es auf den Punkt. Wenn Menschen über andere Menschen bestimmen, dann sollte ihre Frage nicht sein: »Wie bringe ich die Anvertrauten dazu, etwas zu tun, (womöglich sogar etwas, was diese gar nicht wollen)«, sondern: »Was kann ich tun, damit sich ein Mensch mir anvertraut?«. Diese Fragerichtung ist bei selbstbewussten und starken Menschen offenkundig, denn ohne zuerkannte Autorität lassen die sich nichts »befehlen«. Noch wichtiger ist es für die Menschen, die auf andere angewiesen sind. Kinder, deren physische Kraft geringer ist als die der Eltern, oder Menschen, die auf Pflege angewiesen sind. Ich warne dringend davor, Menschen in Abhängigkeit durch die Anwendung von Machtmitteln »bewegen« zu wollen. Gerade angewiesene Menschen brauchen das unbedingte Gefühl, dieser Mensch meint es gut mit mir, er weiß es besser als ich, was der »befiehlt«, ist sicher sinnvoll. Nicht kommandieren, sondern führen!

Autorität ist im idealen Fall immer die Autorität, die ein Mensch einem anderen gibt, sagte ich. Meine Frage ist nun: Was kann ich tun, damit sich ein Menschen mir anvertraut? Was kann ein Lehrer, eine Seminarleiterin, ein Chef, was können Eltern tun, damit ihnen Autorität zuerkannt wird?

Eine letzte Geschichte in diesem Kapitel: Als Freiberufler war ich beauftragt worden, ein Fortbildungsseminar für Personalführungskräfte durchzuführen. Das Thema: »Personalführung – von der Macht zur Motivation«. Es gab allerdings ein großes Problem bei der Fortbildung. Alle Teilnehmenden kamen nicht freiwillig, sondern waren zur Teilnahme dienstverpflichtet. Ich rechnete also mit geringer Eigenmotivation oder gar Widerwillen. Nachdem ich mich den Teilnehmenden vorgestellt hatte, sagte ich ein paar Worte zur Arbeitsweise und meinem Verständnis von meiner Rolle als Seminarleiter: »Ich weiß, Sie sind gezwungenermaßen in diesem Seminar. Das ist Pech für Sie und blöd für mich. Ich werde mich aber bemühen, diese Tage so angenehm wie möglich für uns alle zu gestalten (was nichts anderes meint als »mir liegt viel an ihrem Wohlbefinden«). Übrigens, Sie sind nicht für mich da, sondern ich für Sie. Ich werde Sie mit einigen Inhalten vertraut machen, aber was Sie davon mitnehmen, liegt nicht in meiner Hand. Wir werden an konkreten Situationen Ihres Alltages arbeiten, also vorausgesetzt, Sie sind so mutig, diese einzubringen. Welche Beispiele Sie bearbeiten wollen, liegt alleine bei Ihnen. Ich werde Sie zu nichts zwingen (freiwilliger Verzicht auf Machtmittel). Und dann hätte ich noch den Wunsch, dass wir gemeinsam festlegen, wann wir Pausen brauchen. Ich neige zuweilen zu exzessivem Arbeiten, also bremsen Sie mich. Wenn Sie einen Kaffee brauchen, dann versorgen Sie sich.« Soweit meine Rede. Nach der Mittagspause des ersten Tages sah ich dann, dass ein Teilnehmer arg mit Müdigkeit zu kämpfen hatte. Ich unterbrach mich selbst und bot dem Mann an, sich doch eine Viertelstunde aufs Sofa im Nebenraum zu legen. Von dem Sofa wusste ich, weil ich selbst zuvor dort eine Viertelstunde gelegen hatte. Ich bin nach dem Mittagessen immer todmüde und da ist kurzes Einschlafen unabdingbar. Inzwischen bin ich sogar so mutig, Auftraggeber nach einer Möglichkeit für meinen Mittagsschlaf zu fragen. Ich bot also dem Seminarteilnehmer das Sofa an. Der Mann und alle anderen sahen mich ungläubig an. Ich beteuerte: »Ich meine das ernst. Wenn Sie gerade im Mittagsloch hängen, lernen Sie sowieso nichts, sondern quälen sich nur rum. Dann legen Sie sich besser hin und sind in ein paar Minuten wieder frisch. Wir wecken Sie auch gerne.« Unter Murmeln und Gelächter ging der Mann ins Nebenzimmer. Nach dieser Situation hatte ich das Vertrauen der Gruppe endgültig gewonnen. Ein so intensives Seminar habe ich kein zweites Mal erlebt. Die Teilnehmenden gingen ans Eingemachte. Allerdings wurde aus dem Thema »Wie führe ich die mir unterstellten Mitarbeiter?« auch das Thema »Wie verändern wir unsere Chefetage, damit die mit uns umgehen, wie wir es mit unseren Mitarbeitenden tun wollen?«. Denn die Topleute des Unternehmens hatten natürlich nicht am Seminar teilgenommen.

9.3 Durch Regeln und Ordnungen stark werden

Jetzt habe ich so viel über Selbstbestimmen geschrieben, dass Sie den Eindruck haben könnten, ich wolle alle Menschen zu Egozentrikern machen. Das Gegenteil ist der Fall. Menschen, die nur auf sich bezogen sind, werden nicht stark, sondern einsam. Selbst bestimmen zu dürfen ist wichtig bei den Aufgaben, die ich angehe, und dann, wenn es um Entscheidungen geht, die nur mich betreffen (etwa: was will ich frühstücken?). Dann wäre mein Ideal in der Tat: alle Menschen dürfen für sich selbst bestimmen und werden, wenn möglich, befähigt, dies zu tun.

Es gibt aber viele Lebensbereiche, da treffen Menschen miteinander und füreinander Entscheidungen. Da geht es nicht nur um meine Aufgabe, sondern um unser Zusammenleben. In einer Gruppe treffe ich Entscheidungen, die andere betreffen (etwa: wohin fährt die Familie in Urlaub?). Menschen müssen kooperieren. Dazu stellen sie Regeln (Verhaltensregeln) auf. Wir regeln das Zusammensein.

Und schließlich gibt es Lebensräume, da darf ich weder selbst bestimmen noch mitbestimmen, sondern nur zustimmen (oder eben nicht). Viele Bereiche des Miteinanderlebens sind allgemeingültig und abschließend bereits geregelt. Eine Straße darf ich bei roter Ampel nicht überqueren. Wie ist das mit den Regeln und Gesetzen? Engen sie meine Entscheidungsfreiheit ein oder geben sie mir Halt im Leben? Machen sie uns Menschen klein und unselbstständig oder stark und gemeinschaftsfähig? Ist blinder Gehorsam nötig oder verständige Zustimmung?

Gemeinsam das Leben regeln

Lassen Sie mich zuerst einen Blick in eine Gruppe von Menschen werfen, in der Mitbestimmung möglich ist. Nehmen wir eine Theatergruppe in einer Schule. Auf dem Weg zur Aufführung müssen viele Entscheidungen getroffen werden. Welches Stück spielen wir, wer spielt welche Rolle, wie oft proben wir und vieles mehr? Wer bestimmt nun alle diese Entscheidungen? Eine Lehrerin, die Theatergruppe als Ganze, kleine Teilgruppen jeweils über einzelne Bereiche? Will die Lehrerin alle diese Dinge entscheiden, wird es darauf ankommen, ob die Schüler/innen ihr gute Autorität zusprechen (Schüler/innen vertrauen ihrer Kompetenz, ihrem guten Willen und erkennen den Sinn der Entscheidungen).

Angenommen die Lehrerin habe sich entschieden, ihre gute Autorität zu nutzen, um mehr Fähigkeiten zu fördern als nur Schauspielen. Die Schüler/innen dürften mitreden bei den Entscheidungen. Es soll ihr eigenes Projekt sein. Das könnte anstrengend, aber auch lohnend werden. Denn die Schüler/innen würden vieles lernen: Ich muss den anderen zuhören und sie ernst nehmen, ich muss Argumente finden und diese überzeugend vortragen, ich finde meine Rolle in der Gruppe, es ist unser und zugleich mein Projekt und vieles mehr. Wer mitbestimmen darf, wird stark, weil es auf ihn ankommt. Und natürlich muss die Zusammenarbeit geregelt werden. Die Probentage werden festgelegt, unbedingte Pünktlichkeit wird vereinbart und konzentrierte Arbeit (proben statt toben). Wer an der Aufstellung von gemeinsamen Regeln beteiligt ist, der ist mehr motiviert, diese einzuhalten. Und für den Fall, dass eine Regel verletzt wird, so ist es wieder die Gemeinschaft, die auf die zukünftige Einhaltung drängt oder gar eine Sanktion ausspricht (etwa: wer zu spät kommt, zahlt 5,– € in die Gemeinschaftskasse). Eine solche Gruppe kann lebendig Demokratie einüben.

Wer mitbestimmt, dem fällt es leichter, sich an Regeln zu halten. Warum genau ist das so? Nun, was für Autoritäten gilt, gilt auch für Regeln. Sie spielen schließlich dieselbe Rolle, indem sie mir vorschreiben, wie ich mich zu verhalten habe. Je mehr Einsicht wir in den Sinn einer Regel haben und je mehr Vertrauen wir haben, dass die Regel gut für mich bzw. unsere Gemeinschaft ist, desto eher bin ich bereit, mich ihr unterzuordnen und sie einzuhalten. Der Punkt drei für gute Autoritäten (Vertrauen in die Kompetenz des anderen) spielte schon beim gemeinsamen Aufstellen einer Regel eine zentrale Rolle.

Macht nun das Einhalten der Theatergruppenregeln stark? Ich glaube ja. Mit dem Anerkennen und Einhalten der gemeinsam vereinbarten Verhaltensregeln zeige ich: Die Gruppe kann auf mich zählen. Ich bin zuverlässig. Und indem ich zuverlässig bin, wächst sowohl das Vertrauen anderer Menschen in mich als auch mein eigenes Vertrauen. Und wenn ich tatsächlich einmal, aus welchem Grunde auch immer, gegen vereinbarte Regeln verstoße, ist es wichtig, dass ich die Folgen unmittelbar zu spüren bekomme. Kommt Werner verspätet zur Probe, so sollte sofort eine Reaktion erfolgen. Unmut der anderen oder interessiertes Nachfragen, was denn los sei. Sagt niemand etwas, so wird Werner lernen, es sei gleichgültig, ob er pünktlich oder zu spät komme. Das wäre für die Theatergruppe und ist für jede andere Gruppe fatal. Es ist das genaue Gegenteil von »es kommt auf dich an« und »du bist wichtig für unser Projekt«. Vertrauen in Mitmenschen bedingt, dass diese Menschen für mich zuverlässig sind. Und das schaffe ich, indem sich alle an vereinbarte Spielregeln halten.

Dem Unveränderbaren zustimmen

Wie ist das nun mit den Regeln, an deren Aufstellungen ich als einzelner Mensch nicht beteiligt bin? Weder zum Strafgesetzbuch noch zur Straßenverkehrsordnung bin ich jemals um meine Meinung gefragt worden. Ein Beispiel: Die Straßenverkehrsordnung regelt, dass weder Auto noch Mensch die Straße überqueren dürfen, wenn die Ampel Rot zeigt. Das ist immer und überall und zu allen Zeiten so. Die Regel gibt uns das Vertrauen, eine stark befahrene Straße unverletzt bei Grün überqueren zu können, weil wir hoffen, alle Autos halten an, wenn sie Rot haben. Wer meint, er würde lieber selbst bestimmen, wann er die Straße überquert, riskiert von einem Auto angefahren zu werden oder von einer Polizistin verwarnt zu werden. Die Selbstbestimmung wird also sinnvollerweise eingeschränkt durch Bestimmungen der Gemeinschaft für alle. So sinnvoll und verbindlich die Regel auch sein mag, wir können sie gleichwohl missachten. Stehe ich nicht vor einer stark befahrenen Straße, sondern mitten in der Nacht vor einer leeren und gut überschaubaren Straße, erkenne ich keinen Sinn mehr im Verbot. Die Versuchung ist groß, die rote Ampel zu missachten.

Was bei den Regeln gilt, die wir miteinander vereinbaren, gilt also umso mehr, wenn wir ohne Beteiligungsmöglichkeit sind. Gerade bei solchen Regeln ist es hilfreich, wenn alle drei Kriterien vorhanden sind, die es Menschen erleichtern, sich an Regeln zu halten: Den Sinn einer Vorschrift verstehen, Vertrauen in die Geber der Regeln (also den Gesetzgeber) haben. Und bei einem Regelverstoß direkte Folgen zu spüren. Das zuletzt Genannte wird umso wichtiger, je weniger Einsicht in den Sinn vorhanden ist. Wenn Eltern Wert auf ein gemeinsames Abendessen zu einem festgesetzten Zeitpunkt des Tages legen und das Kind kommt viel zu spät vom Spielen zurück, dann sollten sie sofort ihr Missfallen ausdrücken. Freilich, irgendwann kommt der Zeitpunkt, da wird das Kind in Frage stellen, warum die Eltern diese Entscheidung alleine getroffen haben. Dann ist es ratsam, die Entscheidung in der Familie zu besprechen und gemeinsam eine einvernehmliche Lösung zu finden. Die Frage des Kindes ist ein deutliches Signal, dass das Kind den Sinn der Regel erkennen will. Aus Kindern, deren Leben stellvertretend von den Eltern geregelt wird, müssen Erwachsene werden, die mitreden und mitbestimmen dürfen. Freuen Sie sich, wenn Ihre Kinder die aufgestellten Familienregeln anfragen, und lassen Sie sich auf ein Gespräch über die Gestalt Ihres Zusammenlebens ein. Damit nehmen Sie Ihr Kind ernst und machen es stark. Das ist allemal besser, als blinden Gehorsam einzufordern. Und im Gespräch können Sie äußern, warum Ihnen das gemeinsame Abendbrot so viel bedeutet.

Auch Familien können und sollten ein Ort sein, an dem Mitbestimmung eingeübt wird. Übrigens: Wer in Familien und anderen Gruppen gelernt hat, sich an gemeinsam vereinbarte Regeln zu halten, dem fällt es auch leichter, allgemeingültige Regeln einzuhalten. Selbstbestimmung, Mitbestimmung und Zustimmung erlernen wir in Gruppen, um es dann im gesellschaftlichen Leben zu beherrschen.

Wie ist das nun, wenn Menschen (noch) keine Einsicht in den Sinn haben (können). Kleine Kinder, Menschen mit geistiger Behinderung, demenzerkrankte Menschen. Nun, da ist logischerweise das Vertrauen und die konsequente Einhaltung von Regeln umso wichtiger. Wenn die Eltern behaupten, ein gemeinsames Abendessen sei ihnen wichtig, tatsächlich aber machen sie vier Ausnahmen pro Woche, wird es für das Kind sehr schwer, pünktlich zum Abendessen zu erscheinen. Es wird bewusst oder unbewusst fragen: »Werden alle am Tisch sitzen und grantig sein, wenn ich zu spät komme? Oder werde ich als Erster da sein und mich ärgern, weil ich länger hätte spielen können?« Regeln sorgen für Sicherheit, für Verhaltenssicherheit. Bei einem Gottesdienst mit Menschen mit geistiger Behinderung habe ich aus Versehen die Reihenfolge der drei anzuzündenden Kerzen geändert. Statt zuerst die bunte Kerze, Symbol für das Leben und Gott-Vater anzuzünden, griff ich nach der roten Kerze, Symbol für die Liebe und Jesus Christus. Auf meine Frage, wer denn die Kerze

anzünden wolle, meldete sich niemand (was sehr unge-
wöhnlich ist). Gut, dachte ich, dann darf ich heute eben
selbst mal eine Kerze anzünden. Ich wurde durch einen
jähen Aufschrei von Iris davon abgehalten. Wild gestiku-
lierend zeigte sie auf die bunte Kerze. Erst da bemerkte ich
meinen Fehler. Menschen brauchen feste Ordnungen. Sei
es die Gottesdienstordnung oder ein geregeltes Miteinander in einer Gruppe. Sie sorgen für Verhaltenssicherheit.
Und Menschen brauchen Freiheit. Wenn es nur um mich
geht, dann will ich selbst bestimmen dürfen.

Die Entscheidung, ob es sich um einen Lebensbereich
handelt, der nur mich betrifft (Selbstbestimmung) oder
eine Gruppe von Menschen (Mitbestimmung) oder alle
Menschen (Zustimmung), ist oft schwierig. Denken Sie an
das Rauchverbot, welches gerade landauf landab eingeführt
wird. Vor 20 Jahren hielt man dies für eine rein private
Entscheidung. Jeder rauchte, wann und wo immer er es
angebracht fand. In meiner Familie waren Raucher will-
kommen, aber sie mussten auf dem Balkon rauchen (Grup-
penregel). Heute wird es allgemeingültig geregelt, dass in
vielen öffentlichen Bereichen nicht mehr geraucht werden
darf.

9.4 Am Leben stark werden

Ein kleines Fazit aus den letzten Unterkapiteln: Menschen
werden stark, wenn sie selber Wege finden, etwas zu tun.
Alle Menschen brauchen Lebensräume, in denen sie selbst
bestimmen dürfen, in denen sie frei sind, eigene Heraus-

forderungen zu suchen. Das stärkt unser Vertrauen in uns selbst. Zugleich können andere Menschen uns dabei unterstützen. Manchmal eröffnet uns die Idee eines anderen eine ganz neue Welt. Wenn andere Menschen vorgeben, was und wie wir etwas tun sollten, brauchen sie gute Autorität. Das stärkt unser Vertrauen in Mitmenschen. Auch dadurch entfalten wir uns, denn das ist ja das Anliegen von guten Autoritäten. Und die Einhaltung von Ordnungen und Regeln geben Menschen Verhaltenssicherheit, Vertrauen in Gemeinschaften und sich selbst. Es bleibt ein Viertes zu bedenken: Manchmal stellt uns das Leben vor Herausforderungen. Ob wir wollen oder nicht, schwups befinden wir uns in einer Situation, die uns stark machen kann oder uns umhaut. Kein Freizeitteilnehmer der vorhin erwähnten Dänemarkfreizeit hätte sich je gewünscht, durch einen Autounfall herausgefordert zu werden.

So selbstverständlich es sich anhört, so groß ist das Problem, das hier verborgen ist. Wir spielen Fußball am Computer, statt auf der Wiese. Wir lesen Bücher über Kommunikation, statt diese mit anderen einzuüben. Wir erforschen Wasser, ohne uns die Hände nass zu machen. So wichtig das Training ist, bei dem es weder um Gewinnen noch Verlieren geht, sondern nur um den Spaß an den eigenen Talenten. So wichtig ist auch der reale Wettkampf, bei dem es um Alles oder Nichts geht, um Gold oder Blech. Mein Leben braucht beides: den Ernstfall und das Spiel. Wer mit dem nötigen Ernst spielt, der kann spielend den Ernst des Lebens angehen.

Insbesondere Schulen sind anfällig für das Lernen fernab des echten Lebens, deswegen wird dies ein Kapitel mit lauter Schulbeispielen. Denn unser Leben findet längst nicht mehr nur in realen Situationen statt, sondern oft in »Laborsituationen«. Was ich mit Laborsituationen meine, will ich an einer kleinen Begebenheit erläutern.

Felix von Cube berichtet in seinem Buch »Führen durch fordern« von einem Mittelständischem Unternehmen für Farben und Lacke, die einen internen Werksverkauf für die Belegschaft haben. Dieser wurde von den Azubis abgewickelt, die das als lästige Zusatzaufgabe empfanden. Der Ausbildungsleiter kam nun auf die Idee, diesen Verkauf als echte Lernsituation zu nutzen. Er schlug den Azubis vor, sie sollten eine eigenständige GmbH gründen mit eigener Buchführung und allem, was dazugehört. Er selbst stellte sich als Unternehmensberater zur Verfügung, der dann unterstützte, wenn die Lernenden nicht weiterkamen. Nach etwas Skepsis willigten die Azubis ein. In den kommenden Wochen fand im Werksverkauf eine Revolution statt. Nachdem sich die Azubis über das Verfahren für die Gründung einer GmbH kundig gemacht hatten und dieses dann auch durchgeführt hatten, wurde der Verkaufsraum neu gestaltet. Dann wurde ein Marketingkonzept entwickelt und neue Produkte in den Werksverkauf eingebracht. Wurde zuvor die doppelte kaufmännische Buchführung im Klassenzimmer in der Theorie gelernt, so geschah das nun im Verkaufsraum ganz praktisch für die GmbH. Lernen in Laborsituationen heißt, ich lerne losgelöst von einer konkreten Situation, sozusagen für alle Situationen. Lernen in Echtsituationen heißt, ich lerne in und an einer konkreten Situation. Das motiviert ungemein und macht stark. Heute gehen immer mehr Ausbildungsbetriebe zu einer solchen »Echtsituationsausbildung« über. Ganze Super-marktfilialen werden Azubis übertragen. In eigener Verantwortung, aber gut begleitet, lernen sie, »wie der Laden läuft«. Das ist: Stark machen fürs Leben durch das Leben.

Für das Leben lernen

»Nicht für die Schule, für das Leben lernen wir.« – Non scholae, sed vitae discimus! Dieser Spruch ist Ihnen womöglich auch schon gepredigt worden. Vielleicht von einem Lehrer, der meinte, dieses als Motivation für uneinsichtige Schülerinnen zu nutzen. Überliefert ist der Satz freilich in umgekehrter Form: Non vitae, sed scholae discimus – »Nicht für das Leben, für die Schule lernen wir!« Diesen Stoßseufzer können Sie beim Philosophen Seneca lesen, der sich über die unnütze Fülle an Stoff beklagt. Dieser lasse jeden Lerneifer abstumpfen. Anstatt tüchtige Menschen aus den Schülern zu machen, züchte man Stubengelehrte! Ich stimme Seneca zu. Wir sollten fürs Leben lernen. Denn das motiviert ungemein. Versuchen Sie mal Telefonnummern von Menschen auswendig zu lernen, die Sie nicht kennen. Das wird Ihnen extrem schwerfallen, da Sie nicht verstehen werden, wofür das gut sein soll (es sei denn, Sie trainieren gerade für »Wetten, dass ...«).

Der Erfolg des Lernens hängt von zwei Faktoren ab. Von der Zeit, die wir uns nehmen, und vom Interesse an den Inhalten.

Zeit x Interesse = Lernerfolg!

Wie das bei Multiplikationen ist: Geht ein Wert gegen Null, geht auch das Produkt gegen Null. Vier Stunden Arbeit bei Null Interesse macht Null Erfolg. Sobald ein

Mensch keinen Sinn mehr in dem entdecken kann, was er gerade tut, kann er es nur noch schlecht lernen. Der innere Antrieb kann durch keinen äußeren Antrieb ersetzt werden. Je realer die Aufgabe ist, der wir uns stellen müssen, desto größer ist unser Interesse, diese zu meistern. Wir werden stark, wenn wir dem realen Leben begegnen.

Die von Hartmut von Hentig gegründete Bielefelder Laborschule versteht sich als Lebensschule. Dort gibt es Fächer wie: Umgang von Menschen mit Menschen (Sozialwissenschaft); Umgang mit Sachen: erfindend, gestaltend, spielend (Künste); Umgang mit Sachen: beobachtend, messend, experimentierend (Naturwissenschaft); Umgang mit Gedachtem, Gesprochenem und Geschriebenem (Sprache/n, Mathematik); Umgang mit dem eigenen Körper (Sport und Spiel). Wenn ich das höre, hätte ich sofort Lust, wieder in die Schule zu gehen. Da könnte ich sicher noch manches für das Leben lernen.

Enja Riegel[10] erzählt in ihrem Buch »Schule kann gelingen! Wie unsere Kinder wirklich fürs Leben lernen« von dem Projekt »Sich in der Fremde bewähren« für Jugendliche der neunten Klasse. Statt Unterricht sollten vier- bis achtköpfige Schülergruppen mit je 130 Euro eine siebentägige Reise machen und dabei ein Forschungsthema wählen. Max fand die Idee so gut, dass er sie verschärfte. Mit drei anderen Schülern wollte er ohne einen Pfennig Geld über den Hunsrück ziehen und erforschen, was Hand-

---

10 Langjährige Schulleiterin der Helene-Lange-Schule in Wiesbaden, die beim Pisatest mit großem Abstand als beste deutsche Schule abgeschnitten hat.

werksburschen früher auf der Walz erlebt haben. Die Annahme, jeder Bauer würde bestimmt gerne vier Halbstarke als Handlanger beschäftigen, erwies sich bald als Irrtum. Betteln wollten die vier nicht. Die Reise abzubrechen, verbot ihnen ihr Stolz. Nach einigen Nächten unter freiem Himmel und mächtig viel Hunger entdeckten sie die Gastfreundschaft der Kirche. Hin und wieder eine heiße Suppe, manchmal ein Schlafplatz. In Idar-Oberstein verdienten sie dann ein paar Mark durch Singen. So finanzierten sie ihre Rückreise nach Wiesbaden. »Sie hätten zwar nichts über das Leben der Handwerksburschen auf der Walz gelernt, dafür aber, wie Landstreicher von heute ihr Auskommen fänden«, erklärten sie dem Lehrer.

Was macht Menschen stark? Das Leben! Kinder müssen nicht vor dem Leben beschützt werden, sondern in Schritten lernen, das Leben zu meistern. Ja, in Schritten. Denken Sie an die Ausführungen über Unter- und Überforderungen. Als ich die Geschichte von Max las, dachte ich spontan, diese Aufgabe ist zu schwer für die Jugendlichen. Entscheidend ist, sie selbst haben sich die Aufgabe zugetraut und die Lehrerinnen haben ihnen überlassen, ob es eine lösbare Herausforderung ist. Und weil es das echte Leben war, haben sie mit aller Kraft gekämpft.

Nun habe ich die Bedeutung der Herausforderungen durch echte Situationen zum Starkwerden betont. Ich selbst habe aber etliche Stunden beim Tischtennis verbracht und Sie könnten jetzt auf die Idee kommen, mich zu fragen: War das wirklich wichtig fürs Leben? Ball über die Schnur spielen brauche ich in meinem Beruf als Pfarrer eher selten. Eltern wünschen sich vermutlich öfters, dass sich ihre Kinder mit den wirklich wichtigen Dingen beschäftigen. Stattdessen wollen die Skateboard fahren, tanzen gehen oder sich mit Freunden treffen. Diese Tätigkeiten mögen keinen direkt erkennbaren Nutzen für das spätere Leben haben. Mit Tischtennis konnte und könnte ich nie meinen Lebensunterhalt verdienen, aber es war wichtig für mich als Person. Ich habe dadurch das Gefühl der Stärke, der Akzeptanz und der Lebensfreude erhalten. Und zugleich, noch dazu ohne es zu merken, habe ich meine motorischen Fähigkeiten geschult, was es mir heute ermöglicht, selbstständig zu wohnen. Auch viele meiner sozialen Kräfte wie Durchsetzungsvermögen, Ausbau der Frustrationstoleranz und Teamfähigkeiten habe ich dort erworben.

Es kommt auf mich an – Verantwortung haben

Am Leben stark werden heißt, sich dem Ernst des Lebens zu stellen. Dazu gehört auch das Gefühl, etwas bewirken zu können. Nichts motiviert Menschen mehr als das Erleben: Dies habe ich geschafft. Ich habe es gemacht, es ist mein Werk. Um das zu erleben, muss man die Verantwortung für eine Sache haben. Mit Verantwortung meine ich nicht, jemand wird zur Verantwortung gezogen, wenn etwas schiefläuft, sondern »es kommt auf mich an«. Verantwortung haben meint: Meine Leistung ist wichtig, ja, ich selbst bin wichtig.

Mit meinen Konfirmanden habe ich am Ende des gemeinsamen Jahres eine Wochenendfreizeit gemacht. Traditionellerweise ging es bei dieser Freizeit um das Glaubensbekenntnis, denn mit der Konfirmation sollten die Jugendlichen sagen können, ob, was und woran sie glauben. Die Arbeit am Text des Glaubensbekenntnisses wurde von den Konfis gewöhnlich als eher trocken bewertet. Ein eigenes Glaubensbekenntnis aufzuschreiben und dann der Gemeinde in einem Gottesdienst zu Gehör zu bringen, birgt gleich mehrere Probleme. 1. Das Schreiben macht kaum Spaß. 2. Das Vortragen ist für viele wie eine Prüfung, ob man ja das Richtige glaubt. 3. Vor vielen Menschen zu sprechen, macht nervös. 4. Ein nur gehörter Text geht bei den Zuhörenden hier rein und da raus. Letztlich ist es dann egal, ob man was Gescheites zu Papier gebracht hatte oder nicht. Mir kam eine Idee.

Zwei Wochen vor der Freizeit erzählte ich den Konfis von der Idee und fragte, ob wir das Projekt angehen wollten. »Das wird ganz schön viel Arbeit, meinten einige.« »Ja«, gab ich zu, »aber ihr könntet etwas Einmaliges vollbringen. Wenn das klappt, wird man sich noch lange daran erinnern. Gut, wenn's nicht klappt, dann vermutlich noch länger. Auf eines möchte ich euch nämlich hinweisen, bevor ihr euch entscheidet. Wie ihr wisst, bin ich nicht der große Handwerker. Das heißt, wenn wir an dem Wochenende nicht fertig werden, kann ich euch nicht retten. Es kommt alleine auf euch an.« Kurze Zeit redeten alle durcheinander, dann war der Entschluss gefasst. »Wir bauen ein Triptychon, ein dreigeteiltes monumentales Bild, ähnlich einem Flügelaltar!«

Ich fuhr also in den Baumarkt und kaufte vier große Sperrholzplatten, dazu Scharniere und jede Menge anderer Materialien. Schon die Beschäftigung mit dem Text des Glaubensbekenntnisses war in dieser Freizeit völlig anders als zuvor. »Was genau steht denn da? Was heißt das denn?

Ich glaube das aber nicht, oder aber ich glaube es anders. Darf man überhaupt ein allgemein gültiges Glaubensbekenntnis formulieren oder sollte jeder sein eigenes haben?« Plötzlich waren alle Fragen, die ich früher den Jugendlichen nahegelegt hatte, um nicht aufgezwungen zu sagen, ihre eigenen Fragen geworden. Das Ziel beflügelte sie. Und dann kamen die Ideen für die Gestaltung. Es wurde diskutiert, wie man überhaupt vorgehen wolle. Soll jeder einen kleinen Teil des Ganzen gestalten? Bilden wir Gruppen zu den einzelnen Themen des Bekenntnisses? So habe ich meine Konfis nie zuvor diskutieren hören! Und während des Arbeitens kamen immer neue Ideen, wie denn diese Aussage ins Bild zu setzen sei. Um es abzukürzen. Wir sind nicht bis Samstagabend fertig geworden. Da wollten wir eigentlich ins Kino, um uns für die Anstrengung zu belohnen. Stattdessen sind wir im Freizeitheim geblieben, um den Altar zu vollenden. Bis nachts um 23.30 Uhr haben alle geschuftet. Und am nächsten Tag haben wir den Altar aufgebaut. Was für ein Gefühl! Und wie die Konfis dann in der Kirche standen und ihren Eltern erklärten, was dort zu sehen sei und wie es zu deuten sei! Das gemeinsame Ziel und die gemeinsame Verantwortung hatten uns motiviert.

Um es auf den Punkt zu bringen: Es geht darum, anderen Menschen Dinge wirklich zu überlassen, sie aber zugleich nicht alleine zu lassen. Eltern müssen den Mut haben, Kindern das Aufräumen ihres eigenen Zimmers zu übertragen. Dann müssen sie auch aushalten, wenn das Zimmer mal nicht so aussieht, wie sie es gerne hätten. Wenn Kinder in der Unordnung untergehen, lernen sie dadurch: Dies ist mein Verantwortungsbereich. Das Kind darf aber freilich seine Eltern bitten, mitzuhelfen, wenn es denn gerade in der Schule so gefordert ist, dass das Aufräumen überfordert. Verantwortung übernehmen und übertragen hat da seine Grenze, wo Menschen der Verantwortung nicht gewachsen sind. Selbst mir als gestandenem Tischtennisspieler (also bereits in vielen Endspielen gestandenem Spieler) tut es gut, einen Trainer an der Bande zu haben. Selbst wenn er mir taktisch nichts Neues erzählen kann, so kann er mir doch Mut machen und mir seine Zuversicht abgeben. Sportler wissen, wie abhängig sie von solchen Mutmachern sind.

TEIL 4

VOM FLUCH DES VERGLEICHENS

Jeder Mensch braucht Erfolgserlebnisse. Wer erlebt »Ich kann das«, der gewinnt Vertrauen in sich selbst. Wer erfährt »Ich bewältige diese Herausforderung«, der gewinnt Vertrauen in seine Welt. Wer wohlwollende und aufmerksame Begleiter hat, der gewinnt Vertrauen in seine Mitmenschen. Das gönne ich jedem!

Zuerst habe ich so getan, als gäbe es im Wesentlichen nur einen Menschen und seine Herausforderungen. Dann traten andere Menschen in meinen Blick und zwar als Begleiter, Unterstützer oder Gönner von Herausforderungen. Tatsächlich aber sind Mitmenschen häufig nicht Unterstützer, sondern Konkurrenten. Und manchmal sind sie nicht wohlwollende Begleiter, sondern kritisch prüfende Kontrolleure meiner Kompetenzen.

Jeder ist anders. Das bietet uns die Möglichkeit, uns zu vergleichen. Möglichkeit? Sollte ich nicht eher Gefahr sagen? Oder sind Vergleiche vielleicht sogar eine Chance? Konkurrenz belebt das Geschäft, heißt es. Ich sage absichtlich Möglichkeit. Die Unterschiedlichkeit der Menschen ist uns vorgegeben. Wie wir damit umgehen, ob sie zur Kränkung oder Stärkung von Menschen führt, das liegt in unserer Hand.

Ich hoffe, meine Überschrift von Teil 4 provoziert Sie. Wie kann jemand, der internationale Vergleichskämpfe gewonnen hat, behaupten, Vergleiche seien ein Fluch[11]?! Für die Verlierer mag das ja noch stimmen, aber für die Gewinner ist der Wettkampf doch eher ein Segen, oder!? Nun will ich darüber nachdenken, ob Vergleiche Menschen stark machen oder kränken. Ich frage: Wo sind Vergleiche sinnvoll und wo sind sie Irrsinn? Wann belebt Konkurrenz das Geschäft und wo führt es zu Verlusten? Wann motivieren Vergleiche, wann demotivieren sie?

10. Vergleiche produzieren Sieger und Verlierer

10.1 Wer vergleicht, kann bewerten

»Jeder Jeck ist anders«, sagt man in Köln. Oder um es mit Karl Lagerfeld zu sagen »Persönlichkeit beginnt, wo der Vergleich aufhört.« In der Tat, jeder Mensch hat seine ganz eigenen Gaben und Grenzen. Und diese unterscheiden sich manchmal in erheblichem Maß. Das geht vom schwerstmehrfach behinderten bis zum schwerstmehrfach begabten Menschen. Und so verschieden Menschen sind, so unterschiedlich begabt ist jeder Einzelne von uns. Niemand kann alles gut. Ich kann langsam laufen, aber schnell sprechen. Ich bin gut in Mathe, aber schlecht in Englisch. Ich

---

11 Vielleicht wundern Sie sich darüber, dass ich von einem Fluch spreche. Dann warten Sie ab, bis Sie das Kapitel »Kain und Abel« gelesen haben.

bin nicht zu klein, aber zu kurz geraten. Aber Moment mal, woher weiß ich eigentlich, dass ich zu kurz geraten bin? Stellen Sie sich vor, ich lebte auf einer kleinen Insel. Alle Insulaner hätten ebenso kurze Arme wie ich. Ich aber wäre der Einzige mit einem Daumen auf dem linken Arm. Ich würde mich großartig fühlen und die anderen würden mich beneiden. Dann würde ich mich nicht als zu kurz geraten bezeichnen, sondern als überaus begnadet. Meine Nichte Ronja behauptet übrigens bis heute, ich hätte »den besten Daumen der Welt«[12]. Erst im Vergleich zu anderen bin ich zu kurz geraten. Gäbe es niemanden, mit dem ich mich vergleichen könnte, wüsste ich nicht, wie ich meine Leistungen einschätzen sollte bzw. ich müsste sie alleine an den zu erfüllenden Aufgaben beurteilen. Wie ich meine Fähigkeiten bewerte, hängt nicht nur davon ab, ob ich die mir gestellten Herausforderungen bewältigen kann, sondern auch davon, wie ich im Vergleich mit anderen abschneide. Die Freude an der eigenen Begabung kann ich so lange genießen, bis ein anderer kommt, der klüger, geschickter, ja besser ist als ich. Viele Menschen erleben Kränkungen, weil sie mit anderen nicht mithalten können. Weil sie zu dumm, zu dick, zu langsam, zu klein oder was auch immer sind. Also immer im Vergleich zu anderen. Und das erleben nicht nur Menschen mit Behinderung, sondern zuweilen auch hochbegabte Menschen. Kommt ein hochbegabtes Kind auf ein Elitegymnasium, trifft es dort vermutlich Kinder, die noch begabter sind als es selbst. Wenn dann alles fleißige Lernen nicht ausreicht, um mit-

---

12 Wie es dazu kam, können Sie in Kapitel 14 lesen.

zuhalten, wird aus dem talentierten Kind ein Kind mit Defizit. Statt Freude an der eigenen Begabung wird es Frust und Verzagtheit über die mangelnde Begabung empfinden. Sie sehen, wie bedeutend die Frage ist, mit wem ich mich vergleiche.

Bislang habe ich darüber geschrieben, wie ich meine Fähigkeiten angesichts anderer Menschen bewerte. Der Vergleich mit anderen als meine Möglichkeit, mich zu bewerten. Tatsächlich aber sind es oft andere Menschen, die mich bewerten. Nicht ich vergleiche mich, sondern ich werde verglichen. Nicht ich bewerte mich, sondern ich werde bewertet. Das geschieht uns in unzähligen Lebensbereichen. Lehrer bewerten die Leistungen der Schülerinnen und vergeben Noten. Eltern sagen ihren Kindern, ob sie mit ihnen zufrieden oder unzufrieden sind. Chefs befördern oder feuern.

Alle drei Beispiele habe ich absichtlich so gewählt, dass sie ein Beziehungsgefälle enthalten. Hier bewerten Autoritäten jemanden, der ihnen quasi untersteht. Daher werden die Bewerteten die Meinung der Bewertenden vermutlich nicht einfach als völlig haltlos abtun. Sagt mir ein x-beliebiger Zuschauer, dass ich zurzeit wohl nicht durchtrainiert sei, so bin ich mit seiner Bewertung schnell fertig, vorausgesetzt ich bin anderer Meinung. Kommt die gleiche Beurteilung vom Bundestrainer, so lässt mich das aufhorchen, denn ich gestehe ihm große Kompetenz zu. Die Bewertungen von anderen haben dann großen Einfluss auf mich, wenn ich sie für kompetent halte. Es kann sogar dazu führen, dass ich meine Meinung verändere und mir die des anderen zu eigen mache. Wir stehen mit unseren Bewertungen und Beurteilungen in einem ständigen Dialog. Unser Selbstbild wird durch andere beeinflusst. Daran ist an sich nichts Schlimmes. Destruktiv kann es werden, wenn die Meinungen anderer negativ sind und mein Selbstwertgefühl verringern.

Eine Positivbewertung erhebt unser Herz, eine Negativbewertung kränkt. Wenn mir andere Menschen Bewunderung und Lob entgegenbringen, baut mich das auf. Wenn sie von mir enttäuscht sind, kränkt es mich. Die Goldmedaille bei den Paralympics 1992 in Barcelona ließ mich wochenlang auf Wolke sieben schweben. Der Tag meines bestandenen Abiturs gehört bis heute zu den glücklichsten meines Lebens. Das Ausscheiden in der Vorrunde bei den Paralympics 1996 in Atlanta drückte mich zu Boden. Und als ich in Griechisch immer schlechter wurde und schließlich aufgab und die Prüfung auf ein späteres Semester verschob, war ich lange frustriert. Wettkämpfe produzieren Sieger und Verlierer. Die Gewinner erhalten das Gefühl der Stärke, der Überlegenheit. Die Verlierer bezahlen das mit dem Gefühl der Schwäche und der Unterlegenheit.

Wer jetzt sagt, er oder sie fände Verlieren gar nicht so schlimm, dem darf ich schon mal gratulieren. Vielleicht haben Sie bereits die Lektion gelernt, was Verlieren erträglich macht. Dazu schreibe ich später ein paar Gedanken (vgl. Kap. 15.2). Aber grundsätzlich ist Scheitern, Verlieren, Schlechter-als-andere-Sein kein aufbauendes Gefühl. Und richtig schlimm ist das eigene Scheitern, wenn alle anderen die Prüfung bestehen.

Gerne räume ich ein, dass es von Typ zu Typ sehr unterschiedlich ist, wie stark jemand auf Bewunderung oder

Ablehnung reagiert. Manch einer ruht in sich, während jemand anderes permanent bemüht ist, anderen zu gefallen. Ich habe aber den Eindruck, dass die Menschen, die in ihrem Leben eine anständige Portion Bewunderung abbekommen, eher in sich ruhen können. Sie sind sich ihres Wertes bewusst. Diejenigen aber, die Anerkennung und Zuneigung nur erhalten haben, wenn sie den Ansprüchen anderer genügten, die werden stärker von den Reaktionen ihrer Mitmenschen abhängig sein. Und dann mag es noch Menschen geben, die es anderen, zum Beispiel den eigenen Eltern sowieso nie recht machen konnten. Wer frustriert eingesehen hat, dass er keine Bewunderung zu erwarten hat, der kümmert sich vermutlich gar nicht (mehr) um fremde Bewertungen. Aber sicherlich täte gerade solchen zu kurz gekommenen Menschen eine Portion Bewunderung richtig gut.

Wer einmal auf einer Theaterbühne gestanden hat oder auf dem Treppchen bei einer Siegerehrung, der weiß, wie sehr der Applaus, der ja nichts anderes als eine positive Bewertung darstellt, Balsam für die Seele ist. Standing ovations, frenetischer Jubel, verzückte Bewunderung machen jeden Künstler, jeden Sportler, ja jeden Menschen stark. Und wer einmal öffentlich für einen missratenen Gottesdienst kritisiert wurde oder als Politiker in der Presse Prügel bezogen hat, der weiß, wie klein man sich dann fühlt.

Es ist ein hehrer Vorsatz, sein Wohlbefinden nicht von der Meinung anderer abhängig zu machen. Das mag uns noch gelingen, wenn es fremde Menschen sind. Wenn mir aber Freunde und engste Vertraute bescheinigen, ich habe versagt, dann trifft es. Je wichtiger der Mensch für mich ist, der mich bewertet, desto stärker hängt mein Wohlbefinden von seiner Meinung über mich ab. Das eigene Wohlbefinden nicht von der Meinung anderer abhängig zu machen, mag uns gelingen, wenn der Bewerter keinen Einfluss auf mich hat. Wenn ein Gottesdienstbesucher enttäuscht von meiner Predigt war, finde ich das schade, komme aber darüber hinweg. Wenn der Gottesdienstbesucher sich dann aber als Prüfer der Kirche herausstellt, beschäftigt mich seine Meinung. Je mehr Einfluss ein Mensch auf mich hat, desto bedeutender ist sein Urteil für mich. Das Unabhängigsein von der Meinung bzw. Bewertung anderer, mag uns schließlich auch gelingen, wenn es um Dinge geht, die mir nicht wichtig erscheinen. Wenn mir jemand sagt, die Farbe meines Autos (lila) sei ihm zu feminin, kein Problem. Wenn aber jemand meint, ich sei hässlich, dann ist das ein Problem.

10.2 Drei Flüche: Verlieren, immer wieder verlieren, Verlierer sein

Erster Fluch: Verlieren
Die Verschiedenheit von uns Menschen ermöglicht Vergleiche. Wie nun gehen wir mit der Tatsache um, dass wir uns am Nächsten messen können bzw. gemessen werden?

In meinem Heimatdorf Gaderoth gab und gibt es immer noch ein jährliches großes Fest. Originell wie wir Oberberger sind, haben wir es Dorffest genannt. Für Kinder gab es stets verschiedene Angebote. Unter anderem die Wurfbude von Manfred. Wer einen Groschen zahlte, bekam drei tennisballgroße, aber weiche Wurfgeschosse und musste versuchen, die als Pyramide aufgebauten zehn Konservendosen abzuräumen. Schaffte man es, so bekam man als Belohnung eine Süßigkeit. Das war keine leichte Aufgabe für uns Kinder. Aber wir hielten die Aufgabe für lösbar und so versuchten wir immer und immer wieder die Dosen vom Brett zu werfen. Sagte ich »wir«? Also eigentlich waren es die anderen Kinder. Ich habe mich erst einmal zurückgehalten. Doch als dann mal weniger los war, habe auch ich mein Glück versucht. Ja, diesmal stimmt die Formulierung. Es war tatsächlich nur ein Versuch, noch dazu ein kläglicher. Ich klemmte mir den Stoffball zwischen Kinn und Arm, stellte mich schräg zum Ziel und schleuderte dann aus einer Drehbewegung heraus den Ball zu den Dosen. So wenigstens war mein Plan. Bei den Dosen angekommen ist er nie. Und hätte es sich nicht um einen Softball gehandelt, wäre Angst um den Mann hinter dem Tresen eine angemessene Reaktion auf meine Würfe gewesen. Dreimal ließ ich Querschläger von der allerfeinsten Sorte raus. Nicht einmal in die Nähe der Dosen schaffte ich es. Manfred gab mir drei weitere Bälle, ohne dass ich zahlen musste, weil es für mich ja schwerer sei. Auch diese landeten in den Karpaten. Gefrustet wollte ich mich verabschieden, doch Manfred gab mir eine Süßigkeit, einen Trostpreis. Eigentlich wollte ich die gar nicht haben, denn schließlich hatte ich das Ziel nicht erreicht. Eine »Medaille« aus Mitleid ist kein Grund zur Freude. Ich habe mir dann gedacht, Manfred wollte bestimmt mein Bemühen honorieren. Da hat der Schokoriegel wenigstens ein bisschen geschmeckt. Noch beim Abendessen spürte meine Familie meine Traurigkeit. So gerne hätte ich mit den anderen mithalten können. Aber ich hatte einfach keine Chance.

Das Erleben »Ich kann was« stärkt mein Vertrauen in meine Fähigkeiten. Das Erleben »Ich kann das nicht bzw. ich kann das nicht so gut wie andere« schwächt mich. Frust ist die erste Möglichkeit, mit dem Scheitern umzugehen.

Übrigens haben nicht nur meine Eltern versucht, mich zu trösten, ich habe es auch selbst getan: »Rainer, ist doch klar, dass du nicht triffst. Du bist schließlich im Nachteil. Hättest du Arme und Hände, könntest du auch gut werfen.« Sie sehen, ich hatte eine gute Ausrede parat für den Fall, dass ich die Dosen niemals treffen würde. Erklärungen für das eigene Scheitern sind hilfreich, um den eigenen Frust zu bekämpfen. Viel schöner ist es aber, die Niederlage in einen Sieg zu verwandeln.

Einmal verlieren, das tut weh. Immer wieder verlieren, nein, das wollte ich nicht. Ein paar Tage nach dem Dorffest erwachte mein Kampfgeist. Ich wollte mich nicht damit abfinden, vor zehn blöden Blechdosen zu kapitulieren. Es musste doch irgendwie möglich sein, diese Dinger zu treffen. Also habe ich angefangen, werfen zu üben. Eine solche Schlappe wollte ich jedenfalls kein zweites Mal erleben. Zuerst habe ich mit einem Fußball trainiert. Gegen die Wand unseres Schuppens habe ich den geworfen, stundenlang. Gelang mir ein Geradeauswurf, dann konnte ich versuchen, den zurückkommenden Ball aufzufangen. Alle möglichen Bällen habe ich mir dann gesucht und gelernt, diese zu beherrschen. Die kleinen waren viel schwerer zu fangen als die großen. Wenn ich nicht im genau richtigen Moment zufasste, rutschten etwa Tennisbälle einfach zwischen Brust und Körper durch. Meine nächste Trainingsstufe hieß Edgar. Meinen Bruder habe ich gebeten, meine Würfe zu fangen und mir Bälle zuzuwerfen. Erst genau auf mich, später dann absichtlich in verschiedenen Höhen, mal links, mal rechts. »Im Sprung fangen und werfen« war die Königsdisziplin. Zwei Jahre später war es so weit. Diesmal sollten die Dosen mich kennenlernen. Zwei Mark wollte ich es mich kosten lassen. Wenn es nach 20 Versuchen nicht klappen sollte, würde ich aufgeben. Aber so weit kam es nicht. Ich glaube, es war der achte Versuch, der mich zum Olymp des Dorffestes katapultierte. Zehn Dosen, abgeräumt mit drei Bällen durch Rainer Schmidt, yeah! Ich wählte ein Snickers als Belohnung. Bis heute mein Lieblingsschokoriegel.

Kämpfen und Besserwerden ist eine zweite Möglichkeit mit Vergleichen umzugehen, aus denen man als Verlierer hervorgeht. Eine Niederlage kann zum Ansporn, zum Antrieb werden. Vergleiche können stark machen. Halt, ich muss es genau formulieren. Es ist nicht der Vergleich an sich, der stark macht. Es ist die Niederlage, die zum inneren Antrieb wird, mich damit zum Üben und Lernen motiviert und mir schließlich den Erfolg beschert. Hätte ich jedoch umsonst geübt und der Erfolg wäre ausgeblieben, wäre nur der Schmerz geblieben. Ich höre immer wieder den Satz: »Was mich nicht umbringt, macht mich stark.« Den halte ich schlichtweg für falsch. Es ist nicht die Niederlage, die Kränkung oder der Schicksalsschlag, der stark macht, sondern meine Fähigkeit, solche Ereignisse zu überleben. Indem ich die Erfahrung mache, dass ich kränkende Situationen überstehen kann, spüre ich, dass ich stärker bin als das, was mich auch hätte umbringen können. Würde der eben zitierte Satz stimmen, dann müssten wir ja anderen Menschen kränkende Erfahrungen zufügen, um sie stark zu machen. Das Gegenteil ist der Fall. In kränkenden Situationen müssen wir ihnen beistehen, damit sie diese bewältigen können. Es war nicht mein Glück, anfangs keine Dosen getroffen zu haben, sondern es war mein Glück, mich gegen die Niederlage zu wehren und sie in einen Sieg zu verwandeln. Wäre mir das nicht gelungen, hätte ich vermutlich aufgehört, werfen und fangen zu üben (obwohl das für sich genommen viel Spaß gemacht hat). Es hätte ja sowieso nichts gebracht. Wer trotz Anstrengung keine Erfolgserlebnisse einfährt, den können Vergleiche nur kränken. Damit bin ich bei den Vergleichen, die Menschen schwach machen.

Zweiter Fluch: Immer wieder verlieren
Vergleiche können motivieren, Vergleiche können aber auch zur Resignation führen. Sie erinnern sich an meine Sudokuleidenschaft!? Karina hatte sie mit einem Block unterschiedlichster Sudokus in verschiedenen Schwierigkeitsgraden gefördert. Nun, die Geschichte ging noch weiter. An einem anderen Wochenende brachte sie mir erneut einen Sudokublock mit. Doch diesmal hatte sie genau den gleichen auch für sich selbst gekauft. Ganz beiläufig fragte sie, ob wir nicht mal ein Rätsel um die Wette lösen wollten. Ich blickte auf, dachte nach und sprach dann süffisant: »Baby, wenn du unbedingt den ungeschlagenen Bonner

Sudokumeister herausfordern willst, nur zu. Aber bereite dich schon mal auf eine vernichtende Niederlage vor.« Sie merken, an Selbstvertrauen (Überheblichkeit?) fehlte es mir nicht. »Achtung, fertig, los«, sagte Karina und wir fingen an zu lösen. Es lief nicht schlecht für mich. Die ersten Zahlen sah ich intuitiv. »Wenn Karina von oben nach unten und dann von links nach rechts geht, werde ich mit Abstand gewinnen«, dachte ich. »Fertig«, sagte Karina gelassen, als ich etwa die Hälfte der Kästchen gefüllt hatte. »Hä, du kannst unmöglich fertig sein«, platzte es aus mir heraus. »Du sollst nicht beliebige Zahlen in jedes Kästchen schreiben, sondern die Richtigen.« »Stimmt alles«, sagte sie, »du darfst es gerne überprüfen.« Das tat ich, konnte aber leider keinen Fehler finden. »Revanche«, rief ich, »noch einmal hast du nicht so viel Glück.« Nach dem neunten verlorenen Sudoku musste ich meine These vom Glückssieg fallen lassen. Karina war einfach nicht zu schlagen. Hätte ich mich doch bloß nicht auf den Wettkampf eingelassen. Einmal verlieren ist nicht schlimm, immer wieder verlieren schon schlimmer. Die nächsten Wochen hatte ich keine Lust mehr, Sudokus zu lösen. Der Vergleich hatte mir meine Freude an meinen eigenen Fähigkeiten versaut. War ich vor dem Wettkampf sehr zufrieden mit meinen Fähigkeiten, so war ich nach dem Wettkampf unzufrieden. Was Sudoku angeht, so habe ich aufgegeben. Ich werde nie so gut werden wie Karina bzw. es ist mir das Training nicht wert, das ich aufbringen müsste, um mich an ihr Niveau heranzuarbeiten. Sie sehen, die Taktik, eine Erklärung für meine schlechteren Fähigkeiten parat zu haben, ist auch hier hilfreich.

Nun handelt es sich beim Sudokulösen um eine Freizeitbeschäftigung. Es macht nichts, ob ich das gut oder
schlecht kann. Ganz anders sieht das aus, wenn es um
wichtige Fähigkeiten geht. Ein Beispiel aus meinem eigenen Leben. In der 7. Klasse der Realschule bekam ich Englisch als Unterrichtsfach. Die Notwendigkeit, Englisch zu
lernen, konnte ich nicht recht einsehen. Ich kam von einem
Dorf und dachte, das werde ich nie brauchen. Englisch
wurde zu meinem schlechtesten Schulfach. Nach zwei Jahren und vielen gerade noch ausreichenden Klassenarbeiten
war ich fest überzeugt: Ich bin nicht begabt fürs Sprachen-
lernen. Als ich in der neunten Klasse Französisch dazube-
kam, war mir bereits vorher klar, dass das schwer für mich
wird. Ich wählte die Sprache nach einem halben Jahr und
zwei weiteren Vieren ab. Englisch konnte ich nicht abwäh-
len und habe mich also bis zum Abitur durchgequält. Vermutlich habe ich die Vier auf dem Zeugnis ebenso aus Mitleid bekommen wie die Süßigkeit als Trostpreis beim
Dosenwerfendesaster. Im Theologiestudium musste ich
dann Griechisch und Hebräisch lernen. Ein Graus für den
untalentierten Fremdsprachler!

Wer immer wieder und vielleicht in wichtigen Dingen
erlebt, dass er schlechter ist als andere, der macht sich diese Bewertung zu eigen. Und wenn man dann überzeugt ist,
dieses oder jenes sowieso nicht zu können, wird man auch
nicht dafür kämpfen, es zu lernen. Mehrmaliges Scheitern,
immer wieder verlieren, häufig unfähiger zu sein als andere, das sind Erfahrungen, die uns kränken und unsere innere Kraft lähmen. Wehe dem, der das schon von Kindes-
beinen an erlebt. Statt Freude an den eigenen Talenten wird

sich Leiden an den eigenen Unzulänglichkeiten als Lebensgefühl einstellen. Damit bin ich beim dritten und schlimmsten Fluch.

Dritter Fluch: Verlierer sein
(diese verdammten kurzen Arme)
Es gibt Menschen, die in der großen Gefahr stehen, zu Verlierern zu werden. Zum Beispiel Menschen mit Behinderung, aber ebenso viele andere. In meinem Leben gab und
gibt es vieles, was ich nicht so gut konnte und kann wie
andere. Man könnte es fast als Normalfall meiner Existenz
bezeichnen. Etwas nicht zu können, was andere konnten,
das war halt so. Als alle Kinder anfingen Ski zu fahren,
wollte ich es ebenso versuchen. Habe ich auch. An der
Hand meines Vaters den Idiotenhügel vor unserem Haus
runter. Aber ich konnte weder lenken noch fühlte ich mich
sicher. Ständig hatte ich Angst, ungebremst auf die Fresse
zu fliegen (wie wir Kinder uns auszudrücken pflegten). Und
meine blöde Beinprothese verhinderte jegliche Kontrolle
über die Bretter. Apropos Beinprothese. Ich weiß, ich sollte dankbar sein, dass es sie überhaupt gab. Sonst hätte ich
gar nicht in Wald und Wiese mit den anderen Kindern
spielen können. Ich empfand sie aber tatsächlich als größ-
tes Übel meiner Existenz. Ich konnte viel langsamer laufen
als andere. Im Sommer schwitzte ich ohne Ende in dem
Teil, und wenn ich sie abends auszog, juckte und brannte
meine Haut, als hätten tausend Ameisen darauf gepisst.
Dann half nur noch Kortison und ein Tag Prothesenpause.
Klettern konnte ich nicht, Fahrrad fahren nur mit Stützrä-
dern, und so weiter und so fort. Am schmerzhaftesten war

aber meine Unfähigkeit in Bezug auf Instrumente spielen. Wie gerne hätte ich in meiner Jugend Klavier oder Gitarre gespielt. Da hatte ich nämlich Menschen kennen gelernt, die genau das konnten. Mein Wunsch wurde richtiggehend zur Sehnsucht. Ich habe mir tatsächlich ein elektronisches Keyboard gekauft. Mit dem Daumen des linken Armes habe ich Melodien gespielt, dann mit dem rechten Arm einen passenden Ton dazu. Hin und wieder habe ich einen Stift in den Mund genommen und Akkorde gespielt. Das war aber mühsam und singen konnte ich dann auch nicht mehr. Also habe ich aufgegeben und war lange Zeit bedrückt. Diese verdammten kurzen Arme. Wenn ich doch so wäre wie die anderen. Eine Mundharmonika habe ich gekauft, aber schreiben Sie mal ein Liebeslied, setzen sich dann an einen Flügel und fangen an Mundharmonika zu spielen. Das Blechding war kein Ersatz. Apropos die anderen. Die habe ich beneidet und bewundert. Gerne wäre ich so gewesen wie meine klavierspielenden Freunde. Ein bisschen größer wollte ich auch sein und natürlich hübscher.

Wer einmal im Vergleichsfrust steckt, dem fallen viele Dinge ein, die man gerne anders hätte. Wir vergleichen uns in punkto Schönheit, bei der Intelligenz, im Reichtum, ach, mir fielen tausend Dinge ein. Wer sich mit anderen vergleicht und dabei immer wieder schlecht abschneidet, der fühlt sich irgendwann minderwertig. Richtig gefährlich wird es fürs eigene Ego, wenn es viele oder wichtige Lebensbereiche trifft: »Ich kann schlechter Englisch als der andere. Ich bin hässlicher als meine Freunde. Ich kann schlechter Fußball spielen. Ich bin schlicht unfähig.« In dieser Aufzählung habe ich absichtlich bei den beiden letzten Beispielen den anderen als Vergleichspunkt weggelassen. Denn das ist eine große Gefahr. Am Anfang kann man nur schlechter Mathe als jemand anderes. Wer sich aber immer wieder vergleicht und in vielen Lebensbereichen den Kürzeren zieht, der ist irgendwann überzeugt: Ich bin schlicht ein Verlierer. Verlieren wird zum Teil der Identität. Und je elender man sich fühlt, desto weniger traut man sich zu. Wieder ein Teufelskreis!

Dabei kann man für die allermeisten Dinge gar nichts. Unser Aussehen suchen wir uns nicht aus (wenigstens die meisten von uns nicht). Wir können auch nichts dafür, ob wir zwei Hände haben oder nicht. Und ich kann essen, was ich will, ich werde einfach nicht größer. Ganz schön blöd, dass ich mich auch bei den Dingen vergleiche, für die ich gar nicht verantwortlich bin. Warum werfe ich es mir trotzdem vor? Bin ich vielleicht auch zu blöd, mich schlicht damit abzufinden, dass andere Menschen mehr Talente bekommen haben als ich? Ob ich verantwortlich für meine empfundenen Unzulänglichkeiten bin oder nicht, spielt keine Rolle. Wer sich vergleicht, steht in der Gefahr, sich minderwertig zu fühlen.

Vielleicht haben sich während meiner letzten Zeilen zwei Gedanken in Ihnen geregt. Der erste könnte sein: Tja, der Schmidt hat wirklich allen Grund gehabt, an seinen Unzulänglichkeiten zu Grunde zu gehen. – Ich bin aber nicht daran zu Grunde gegangen. Im Gegenteil. Heute kann ich mit meinen Grenzen besser als früher leben. Und ich genieße meine Gaben intensiver als früher. Es gab zum Glück viele Gegenerfahrungen zum Scheitern und zur Ausgrenzung.

Der zweite Gedanke könnte sein: Tja, mit so einer Behinderung ist man halt benachteiligt. Damit muss man sich abfinden. Es gibt halt Verlierer und Gewinner. Da muss man nicht drumherumreden. Die schwächeren Menschen haben halt Pech gehabt oder sie waren eben nicht fleißig genug. Mit anderen Worten: Dass sie bedrückende Erfahrungen des Scheiterns machen, ist unvermeidbar. Verlierer sollten sich damit abfinden, Verlierer zu sein. Es gibt halt zwangsläufig Menschen, die viel zu wenige Erfolgserlebnisse haben, als dass sie durch diese zu starken Persönlichkeiten werden könnten. So plausibel das klingt, so wenig will ich mich auch damit abfinden. Weder in meinem Leben noch in der Theorie. Denn ich bin fest davon überzeugt, dass es zwar benachteiligte Menschen gibt, aber keine ganz und gar unfähige Menschen. Nicht die Unterschiedlichkeit der Menschen ist das Problem, sondern das Vergleichen. Es geht auch anders.

Wenn ich eben vieles aufgezählt habe, bei dem ich mich als unterlegen erlebt habe, so habe ich das Bild eines sehr eingeschränkten Menschen gezeichnet. Diese Perspektive haben viele Menschen, wenn sie mich zum ersten Mal sehen. Sie erkennen in mir einen Behinderten. Ihre Wahrnehmung stimmt zweifelsohne, und zugleich ist sie auch wieder falsch. Ich bin behindert, aber auch begabt, begrenzt, und doch auch talentiert. Ich bin unfähig und fähig zugleich. Das Glas ist halb voll und halb leer, wenn Sie so wollen. Und so wie Sie in mir einen Behinderten erkennen, sehe ich in mir einen Begabten.

Ich verrate Ihnen mein Geheimnis: In Wirklichkeit bin ich gar nicht behindert. Ich kann singen, Kaffee kochen,

Bücher schreiben, küssen, meine Meinung sagen, streiten ... Als Prediger zum Beispiel, da bin ich begabt. Gut, als Elektriker bin ich behindert. Das Mikrofon an der Kanzel könnte ich nicht reparieren. Aber lassen Sie mal den Elektriker predigen, da wissen Sie auch nicht, was dabei rauskommt. Sie können einwenden, der Elektriker könnte aber theoretisch meinen Beruf erlernen, denn er kann sprechen. Mir wird die Mikrofonreparatur aber immer unmöglich sein, denn mir fehlen die Hände. Ja, sage ich, aber es gibt auch Fähigkeiten, die man de facto nicht erlernen kann, obwohl man es theoretisch könnte. Würde ich von Ihnen verlangen, sie müssten als Künstler Ihr Geld verdienen, so würden Sie sich vermutlich als außerordentlich begrenzt erweisen. Die Frage ist also nicht, ist ein Mensch behindert oder nicht, sondern bei welcher Aufgabe stößt ein Mensch an seine Grenzen. Begrenzt ist immer nur ein Teil des Menschen, nicht jedoch die ganze Person. Und das gilt für alle. Ohne Hände kann ich nicht Klavier spielen. Ich kann aber singen. Die Frage ist also nur: In welchen Situationen und Lebenslagen bestehen für einen Menschen Hindernisse? Wo sind seine individuellen Grenzen? Für welche Aufgaben ist jemand begabt oder begrenzt? Niemand kann alles und niemand ist 100 % behindert. Kein Mensch ist in jeder Hinsicht »unfähig«.

Mit meinen letzten Gedanken habe ich schon angedeutet, was mir geholfen hat, aus der Vergleichsfalle herauszukommen und trotz der vielfältigen Erfahrung des Scheiterns doch nicht zu einem »Verlierer« zu werden: Nämlich ein Perspektivwechsel. Weg vom Klagen über die Grenzen, hin zum Genießen meiner Talente. Bevor ich Ihnen dazu in Teil 5 noch mehr von mir erzähle, muss ich aber den Gedanken »Verlierer werden« zu Ende bringen. Eben habe ich formuliert: »Immer wieder verlieren, häufig unfähiger sein als andere, das sind Erfahrungen, die unsere innere Kraft lähmen. Verlieren kann sogar zum Teil unserer Identität werden.« Das ist insbesondere dann der Fall, wenn schließlich die Sieger von den Verlierern getrennt werden. Ein Spiel zu verlieren ist eine Sache, absteigen ist eine viel schmerzlichere Erfahrung. Wer nicht mehr gut genug ist, fliegt aus der Nationalmannschaft raus. Wessen Noten zu schlecht werden, der bleibt sitzen. Wer mehrfach sitzen bleibt, muss die Schule verlassen. Diese Trennung mag in manchen Lebenssituationen berechtigt sein, auf jeden Fall ist sie schmerzhaft.[13]

11. Unsere Schule schafft Verlierer

Lassen Sie mich ein überwiegend politisches Kapitel schreiben. Wie ist das mit unserem Schulsystem? Spätestens nach der Grundschulzeit trennt es Kinder in leistungsstarke und leistungsschwache. Und mit den in den letzten Jahren ver-

---

13 Vielleicht wenden Sie ein, jemanden zu kennen, der das Sitzenbleiben oder den Schulwechsel als positiv erlebt hat. Kann das vielleicht daran gelegen haben, dass er sich vorher nicht wohl in seiner Klasse gefühlt hat? Oder waren die Anforderungen so hoch, dass ihm der Klassenwechsel wie eine Befreiung vorgekommen ist?

öffentlichten vielzitierten Schulleistungsstudien PISA[14] muss ich sagen, es trennt die Kinder auch nach sozialer Herkunft. Wie ist ein solches System zu bewerten? Macht es unsere Kinder stark oder schwach?

Ich habe Ihnen von meiner Einschulung in die Sonderschule erzählt und wie sie in mir das Gefühl ausgelöst hat: Ich bin behindert. Vorher fühlte ich mich normal mit meinen Grenzen und Gaben, erst durch die Einschulung fühlte ich mich wirklich behindert. Nun, an meinem Körper hatte sich nichts geändert. Nach wie vor kurze Arme, kurzes Bein.

Geändert hatte sich zuerst meine Perspektive. War ich zuvor ein begabtes Kind mit meinen ureigensten Begrenzungen, wurde ich nun vor allem zu einem behinderten Kind. Sie erinnern sich, dass ich oft vor dem Spiegel gestanden habe und meine Behinderung von allen Seiten wahrgenommen habe. Es ist eine Sache, einiges schlecht und etwas anderes gut zu können. Eine ganz andere ist es, plötzlich zu den »Schlechten« zu gehören. Ich sah mich in einem neuen Licht. Mein Ansehen hatte sich geändert. Provokant möchte ich formulieren: Die Sonderschule hat aus dem normalen Kind einen Behinderten gemacht. Vom Kind unter Kindern wurde ich zum Sonderfall. Es war, als klebte man mir auf meine Stirn ein Etikett: »Sonderschüler, Problemkind, Vorsicht unnormal!« Ein Kainsmal. Allgemein gesprochen: Erst die Aufteilung der individuell be-

---

14 Programme for International Student Assessment: PISA misst alle drei Jahre (2000, 2003, 2006 …) in den wichtigsten Industriestaaten (und freiwilligen Partnerländern) die Leistungen von 15-jährigen Schüler/innen in den Bereichen Leseverständnis, Mathematik und Naturwissenschaften.

166

gabten und begrenzten Menschen in Regelschüler und Sonderschüler macht aus den Kindern Sonderschüler.

Und geändert hatten sich die Beziehungen. Ich gehörte nicht mehr dazu. Zu dem Gefühl »ich kann das nicht (so gut)« kam das Erleben, »ich gehöre nicht mehr dazu«. Beziehungen zerrissen, die mich zuvor getragen haben. Statt Bindung gab es Trennung. Statt Bedeutung war da Bedeutungsverlust. Nicht, dass die Kinder nichts mehr mit mir hätten zu tun haben wollten. Das war es nicht. Es war mein Gefühl, nicht mehr gleichwertig zu sein und kein Recht mehr zu haben, zu ihnen zu gehören. Ich gehörte jetzt zu den Problemkindern. Separierung, Trennung von den normalen Menschen, das ist für mich die größte Niederlage, die ein Mensch einstecken muss. Ich weiß nicht, ob Sie das nachempfinden können. Ich habe von dem Abbruch von Beziehungen gesprochen. Sie könnten einwenden, das erlebt jedes Kind, welches aufgrund eines Umzuges die Schule wechseln muss. Da haben Sie freilich Recht. Ich spreche aber vom Abbruch aufgrund einer Abwertung. Vergleiche führen zur Bewertung. Und die kann dazu führen, dass Beziehungen getrennt werden. Ich hatte ja noch Glück. Es war mein eigenes Gefühl, als Sonderschüler minderwertiger als die anderen zu sein. Hätten die mich wie einen Sonderschüler behandelt, wäre es böse für mich geworden. Das zentrale Thema ist also die Bewertung, ich habe es eben Ansehen genannt. Bin ich wer? Stelle ich jemand dar? Genieße ich Achtung und Respekt?

11.1 Sonderschulen kränken

Genießt die Hauptschule ebenso großes Ansehen wie das Gymnasium? Immer wieder gibt es Versuche, die Gleichwertigkeit aller Schulformen argumentativ zu vertreten und das mehrgliedrige Schulsystem zu verteidigen. Mehrgliedrig heißt, wir unterscheiden Kinder nach ihrer Leistungsfähigkeit (oder anderen Besonderheiten wie etwa körperliche Einschränkungen) und weisen sie eigens eingerichteten Schulen zu. Damit bilden wir Kategorien von Menschen, sprich Klassen, ja wir bilden eine Klassengesellschaft. Die guten Schüler/innen aufs Gymnasium, die schlechten auf die Haupt- oder Förderschule. Oh, Verzeihung, ich habe die Hauptschüler in einen Topf mit den Sonderschülern gesteckt. Ging Ihnen das gerade durch den Kopf? Vielleicht wollten Sie sich dagegen verwehren. Sehen Sie, genau das ist das Problem: Die Hauptschüler wollen wenigstens keine Sonderschüler sein, die Realschüler aber auch keine Hauptschüler, und die Gymnasiasten sind freilich besser als die Realschüler. Wer immer behauptet, alle Schulformen seien gleichwertig, den möchte ich fragen, auf welche Schule er denn sein Kind wünscht.

Zu Beginn eines Vortrages über Leben mit Behinderung fragte ich die Zuhörenden, ob denn Menschen mit Behinderung anwesend seien, und bat diese aufzustehen. Die Menschen zögerten einen Augenblick und selbst offensichtlich behinderte Menschen erhoben sich nicht sofort. Bevor dann tatsächlich jemand aufstand, sprach ich weiter: »Nein, halt, bleiben Sie ruhig sitzen. Ich wollte Ihnen nur zweierlei vor Augen führen: Erstens, die Brillenträger haben vermutlich nicht mit dem Gedanken gespielt aufzustehen, obwohl sie ja für alle gut sichtbar sehbehindert sind. Und zweitens, hätte ich gefragt, ob es im Raum Menschen mit abgeschlossenem Hochschulstudium gibt, wären die vermutlich ohne Bedenken aufgestanden und hätten sich zu erkennen gegeben. Als Behinderter outet man sich nicht so gerne.

Auf einer Zugfahrt sprach mich ein freundlicher Herr mit den Worten an: »Du kommst aber gut zurecht, Respekt.« Darauf antwortete ich: »Sie müssten mich mal im Gottesdienst bei einer Predigt erleben.« Sofort entschuldigte er sich: »Oh Verzeihung, sind Sie etwa Pfarrer?« »Kein Problem«, sagte ich, »man sieht mir den Pfarrer nicht an.« Bewertungen geschehen blitzschnell und wir alle tragen sie mit uns herum. Wer innerlich stark geworden ist, der kann souverän mit latenten Abwertungen umgehen. Je früher sie uns aber im Leben treffen, desto schwerwiegender sind ihre Folgen. Wer schon früh im Leben als Mensch mit geringem Status angesehen wird, der hat große Chancen, dadurch zum Verlierer zu werden. Das Sonderschuletikett war wenig aufbauend für mich.

Ich hatte Ihnen versprochen, keine wissenschaftlichen Untersuchungen ins Feld zu führen. Diese Stelle ist mir aber so wichtig, dass ich eine Ausnahme machen will. Mag sein, dass Sie meiner Erfahrung, die ja eine unter vielen ist, misstrauen. Andere haben das sicher anders erlebt. Brigitte Schuhmann hat 2007 ihre Dissertation mit dem Titel: »Ich schäme mich ja so! – Die Sonderschule für Lernbehinderte als Schonraumfalle« veröffentlicht. Zusammenfassend schreibt sie: »*Der Sonderschulstatus ist stigma-*

behaftet und löst bei den meisten Schülerinnen und Schülern aller untersuchten Schülergruppen Schamgefühle aus, die sie als Belastung wahrnehmen. Das Verschweigen und Verleugnen des Sonderschulstatus in sozialen Alltagssituationen ist die vorherrschende Form der Schambewältigung und ein Hinweis auf ein gemindertes Selbstwertgefühl.«[15] Separation, Trennung in starke und schwache Kinder, führte nicht nur bei mir zur Scham und geringerem Selbstwertgefühl.

Nun mag es sachliche Gründe für eine Trennung der Menschen auch im Bildungssystem geben. Diese sollten aber so spät wie möglich greifen, damit die Kinder ausreichend Zeit haben, ein gutes Selbstwertgefühl zu entwickeln.

Als Überschrift dieses Teiles habe ich eine Forderung gewählt: »Weg mit den Sonderschulen!«. Sie kränken Kinder, war mein erster und wichtigster Gedanke. Ich möchte weitere Argumente anführen, halte mich aber kurz, denn dieses Buch ist ja nicht zuerst ein Buch über Schule.

Bevor ich weitere Argumente gegen das separierende deutsche Schulsystem nenne, möchte ich eine Zwischennotiz machen, um nicht missverstanden zu werden. Meine Kritik richtet sich ausdrücklich nicht gegen Lehrer/innen, sondern gegen das Schulsystem. Ich kenne viele Sonderschullehrer/innen, die fantastische Arbeit leisten. Aber so viel die Kinder dort auch lernen mögen, so oft stellen mir gerade die engagierten Lehrer/innen die Frage: »Wie kann ich den Schüler/innen vermitteln, dass sie genauso wertvoll sind wie alle anderen, wo sie doch aus dem normalen Le-

---

15 Schuhmann, 159

ben aussortiert werden?« Meine Antwort ist dann immer: »Das können Sie nicht. Sie haben aber zwei Möglichkeiten. Erstens, Sie können den Schüler/innen zuhören und ihre Klagen ernst nehmen, wenn sie auf der Straße als dumm verschrien wurden. Und Sie können ihnen zweitens sagen, dass sie für Sie als Lehrer/in wichtig und wertvoll sind. Und dann können Sie hoffen, dass die Kinder in Ihnen einen Menschen sehen, der ihnen mit viel Respekt und Wertschätzung begegnet. Ob das die systembedingte Kränkung kompensieren kann, liegt aber nicht in Ihrer Hand.«

Nun zu weiteren kurzen Argumenten. Für das Fortbestehen von Sonderschulen ist immer mal wieder zu hören, gerade die leistungsschwächeren Schüler bräuchten den Schutzraum der Sonderschule. Sonderschulen seien wichtig, um die Kinder, die es ohnehin schon schwer genug haben, vor Hänseleien, Auslachen und Kränkungen zu schützen. Nur die Förderschule bewahre Kinder vor Diskriminierungen. Da muss ich Sie noch einmal daran erinnern, wie ich als erster Junge meiner Klasse im dritten Grundschuljahr eine Brille bekam. Zugegeben, meine Brille war aus Horn, braun mit dickem Rand, kurz gesagt, ein ästhetisches Verbrechen. Aber war das ein Grund, mich auf dem Schulhof auszulachen? Und einige Kinder aus anderen Klassen wollten nicht mit der »doofen Brillenschlange« spielen. Die kurzen Arme waren kein Grund zur Abwertung, die Brille schon. Um mich vor den Attacken zu schützen, hat meine Lehrerin dann eine eigene kleine Klasse mit lauter Brillenträgern zusammengestellt. Da waren wir dann unter uns in einem geschützten Raum. Nein, das ist natürlich Quatsch. Auf diese idiotische Idee wäre meine

Lehrerin nie gekommen. Stattdessen hat sie mich zuerst getröstet und dann das Auslachen zum Thema in unserer Klasse gemacht: Ob andere das auch schon erlebt haben und warum man ausgelacht wurde? Und siehe da, es gab 1000 Gründe. Und was derjenige braucht, der ausgelacht wird. Fortan konnte ich mir der Unterstützung meiner Klassenkameraden wieder sicher sein. Sonderschulen schützen nicht vor Abwertung, sondern ermöglichen sie. Wäre ich nicht auf der Sonderschule gewesen, wäre ich kein Sonderschüler gewesen. Und wo sonst sollte es uns besser möglich sein, den Umgang mit Unterschieden einzuüben als in einer Schule.

Damit komme ich zum nächsten Kritikpunkt an Sonderschulen. Wer Menschen aufteilt in möglichst homogene Gruppen, der muss sich nicht wundern, dass die Kinder den Umgang mit der Vielfalt verlernen. Während meiner Zeit als Pfarrer in Schildgen habe ich die integrative Kindertagesstätte begleitet. Dort waren die unterschiedlichsten Kinder. Einmal habe ich einen fünfjährigen Jungen gefragt, ob er mir sagen könne, welche Kinder in seiner Gruppe behindert seien. Er sah mich mit großen Augen an. Ich bohrte nach: »Ist der Lukas behindert? Kann der weniger als die anderen Kinder?« Meine Erwachsenenantwort kannte ich freilich, denn für mich war Lukas ein Kind mit Downsyndrom. Seine Kinderantwort war: »Lukas kann prima klettern. Und der läuft immer rum. Manchmal nervt das.« Vielfalt war in dieser Einrichtung der Normalfall. Kindergärten und Schulen sollten die Lektion vermitteln, dass alle Menschen verschiedenartig, aber gleichwertig sind. Indem aber Kinder systembedingt sortiert werden, lernen sie genau das Gegenteil. Wer homogene Gruppen anstrebt, muss sich nicht wundern, wenn die Menschen den Umgang mit der Verschiedenartigkeit verlernen bzw. nicht erlernen. Erst trennen wir Menschen voneinander und dann schicken wir die Gymnasiasten während eines Sozialpraktikums in Förderschulen, damit sie dort lernen: Diese Menschen sind Menschen wie du und ich. Die Kunst des Zusammenlebens in Vielfalt lernt man nur, indem man es tut. Wie lange wollen wir noch beklagen, dass sich ganze Gruppen unserer Bevölkerung aus der Teilhabe am öffentlichen Leben verabschieden und mitten in unserem Land abgeschottete Welten einrichten und gleichzeitig ein separatistisches Schulsystem aufrechterhalten? Integration ist für viele Menschen in Deutschland ein Thema. Mit der Schule hätten wir einen prächtigen Lebensraum, den Umgang mit der Vielfalt einzuüben.

Ein letzter Gedanke zum Unsinn von Sonderschulen. Bei aller Kritik könnte es ja sein, dass wir die negativen Folgen wohl oder übel hinnehmen müssen, weil die Sonderschule etwas leistet, was keine andere Schule leisten kann, nämlich die bestmögliche Förderung von bereits benachteiligten Menschen bzw. die Bewahrung vor Überforderung.

Das Argument der bestmöglichen Förderung legt übrigens der in Nordrhein-Westfalen eingeführte Begriff der ›Förderschule‹ nahe. Man wollte die Kinder nicht mehr über ihr Defizit definieren, sondern zeigen, wo sie besondere Förderung brauchen. Den Versuch finde ich löblich, allein es ist eine Mogelpackung. Wie immer man die Schule auch nennen mag, es ändert nichts an ihrem Sonderstatus und ihrer Negativbewertung. Sie können gerne behaupten, ihre Füße würden am Ende eines langen Tages riechen. Es ändert nichts daran, dass sie in Wirklichkeit stinken. Die Förderschule ist keine Eliteschule mit hohem Ansehen.

Die Benennung der Sonderschulen als Förderschulen hat übrigens schöne Stilblüten mit sich gebracht. Die Sonderschule für Menschen mit geistiger Behinderung heißt heute »Förderschule mit dem Förderschwerpunkt geistige Entwicklung«. Analog hat man die anderen Schulen benannt. »Lernbehinderte Menschen« gehen heute auf die »Förderschule mit dem Förderschwerpunkt Lernen«. Sie haben richtig gelesen. In NRW gibt es tatsächlich Schulen mit dem Schwerpunkt Lernen. Und das sind nicht die Gymnasien. Was machen die Schüler/innen in Gymnasien eigentlich? Am besten aber gefällt mir die Bezeichnung für die ehemals sogenannte Sonderschule für Blinde und Sehbehinderte. Die heißt heute, halten Sie sich fest: »Förderschule mit dem Schwerpunkt Sehen«. Sensationell, was? Blinde sollen beim Sehen gefördert werden. Sollte jemals ein Lehrer das Schulziel erreichen, rufen Sie mich an, ich komme und werde ihm huldigen.

Zurück zum Argument, wir brauchten Förderschulen, um benachteiligte Menschen optimal zu fördern. Zwei Gegenargumente:

Erstens: De facto trifft das nicht zu. Im Gegenteil. Der Gewinner des Pisatestes, Finnland, verzichtet ganz auf Sonderschulen und legt alle Priorität auf individuelles Lernen. Jedes Kind wird nach seinen Möglichkeiten gefördert (also herausgefordert). Und siehe da, nicht nur die Topschüler schneiden im Vergleich mit den deutschen Topschülern besser ab, sondern auch die Schüler, die bei uns Sonderschüler wären. Denn je heterogener die Lerngruppe ist, desto notwendiger wird individualisierter Unterricht. Wie so was aussehen kann, dafür muss ein anderes Buch geschrieben werden. Wenn Sie so lange nicht warten wollen, empfehle ich Ihnen die Filme von Reinhard Kahl. Dass Finnland mehr Geld in Schule investiert, ist mir bekannt. Der Erfolg liegt aber nicht vor allem am Geld, sondern am unterschiedlichen System der Schule. Die weiterführenden Schulen sind in Finnland sogar billiger als die deutschen.

Zweitens: Keine Sonderethik. Ich halte es für eine Frage der Zeit, bis jemand die Frage stellt, warum wir in Deutschland eigentlich viel mehr Geld für einen Sonderschüler ausgeben als für einen Standardschüler. Sollten wir nicht das meiste Geld in die Förderung der leistungsstarken Schüler/innen stecken? Den Ruf nach mehr Eliteschulen gibt es bereits und, wie ich meine, zu Recht. Überaus begabte Menschen wollen ebenso an Herausforderungen wachsen wie alle anderen auch. Sie merken schon, das Problem der Bildungsgerechtigkeit ist wieder ein Problem der Separierung. Die Frage, welche Schule wir mit den meisten Mitteln fördern wollen, stellt sich erst dadurch, dass wir unterschiedliche Schulformen bilden. Eine Schule für alle Kinder würde das Problem lösen.

11.2 Schulnoten gefährden die Entwicklung unserer Kinder!

Wo ich gerade so schön in Fahrt bin, will ich gleich noch eine heilige Kuh des deutschen Bildungssystems schlachten: Die Schulnoten. Dafür werde ich einiges an Argumenten aufbringen, denn ich vermute, dass viele Leser/innen dieses Buches den Sinn von Schulnoten noch nie hinterfragt haben. Nach dem Motto: »Das war schon immer so und wird auch immer so bleiben.« Wer nur Schulen kennt, in denen Noten erteilt werden, kann sich vermutlich kaum vorstellen, wie es anders sein könnte. Ich habe bereits darüber geschrieben, wie bedeutend Bewertungen für uns Menschen sind. In deutschen Schulen wird permanent bewertet. Lehrer/innen vergeben Noten und bewerten damit die Leistungen der Schüler/innen. In NRW wurden vor Kurzem wieder Noten für die Kinder der zweiten Klasse eingeführt. Warum eigentlich nicht für die Erstklässler? Entweder motivieren Noten, dann sollte man sie ja wohl so früh wie möglich einsetzen, oder sie demotivieren. Wie ist das also mit Schulnoten? Machen Schulnoten unsere Kinder eher stark oder eher schwach? Motivieren sie zu besseren Leistungen oder verhindern sie sogar Topleistungen?

Um es vorwegzunehmen. Manchmal sind Noten wichtig. Dann nämlich, wenn ein Mensch einen langen Lernprozess abschließt. Am Ende einer Ausbildung zum Bankkaufmann muss der Azubi beweisen, dass er sein Fach beherrscht. Denn die Bank, bei der er sich bewerben wird, hat ein berechtigtes Interesse daran, dass die eigenen Kunden kompetent betreut werden. Und dafür braucht es hochqualifiziertes Personal. Hier darf man also mit Fug und Recht einen Katalog von Fertigkeiten und Wissen aufstellen, worüber ein Absolvent verfügen muss, und freilich darf man diese überprüfen. So wichtig die Abschlussprüfung mit Notenvergabe ist, so wenig ist sie das einzige Kriterium für einen guten Bankkaufmann. Ob ein Bankkaufmann mit guten Abschlussnoten auch ein guter Kundenberater ist, muss sich erst noch erweisen. Am Ende eines Lernprozesses besteht jedenfalls ein berechtigtes Interesse herauszufinden, ob die Lernenden die gesteckten Ziele erreicht haben.

Was aber ist von den Noten in der Mitte eines Lernprozesses zu halten? Um diese Frage zu entscheiden, müssen wir uns vergegenwärtigen, was Schulnoten sind und welche Wirkung sie entfalten. Was sie sein wollen, lesen wir zum Beispiel in § 48 Abs. 1 des Schulgesetzes für NRW: »Die Leistungsbewertung soll über den Stand des Lernprozesses der Schülerin oder des Schülers Aufschluss geben; sie soll auch Grundlage für die weitere Förderung der Schülerin oder des Schülers sein. Die Leistungen werden durch Noten bewertet.«

Noten zwängen in eine Norm

An Noten soll man den Stand des Lernprozesses ablesen und sie sollen Grundlage für weitere Förderung sein. Schulnoten sind also tatsächlich als stetige Förderung inmitten eines Lernprozesses gedacht. Aber halten sie, was man sich von ihnen verspricht? Ich darf Sie an meinen Tausendmeterlauf in der Oberstufe erinnern. Für die von mir gelaufene Zeit hätte ich nach der Liste meines Lehrers eine Neun bekommen müssen. Das erschien sowohl meinem Lehrer und erst recht mir ungerecht. Zum einen hatte ich dank meiner Beinprothese viel schlechtere Voraussetzungen als meine Mitschüler/innen, zum anderen hatte ich gerade meine persönliche Bestzeit aufgestellt und fand, ich hatte mich gut geschlagen. Hat mir die Note mitgeteilt, wo ich im Lernprozess stehe? Nein, definitiv nicht. Sie hat mir mitgeteilt, wie meine Leistung im Vergleich zu einem Standard zu bewerten ist. Noten geben keinen Aufschluss darüber, welche Herausforderungen jemand bewältigt hat, welchen Fortschritt jemand gemacht hat. Das ist das erste Problem der Noten: Sie vergleichen Äpfel mit Birnen bzw. sie messen Kinder an Standardnormen. Da aber alle Menschen verschieden sind, wäre es besser, sie an ihren eigenen Voraussetzungen zu messen.

Stellen Sie sich zwei Kinder in der dritten Klasse vor. Ein türkisches Mädchen, deren Eltern zu Hause ausschließlich Türkisch sprechen. Und einen deutschen Jungen, dessen Vater Literaturprofessor ist und dessen Mutter Journalistin ist. Nun strengt sich das Mädchen sehr an und verdoppelt während des Schuljahres ihren aktiven Wortschatz. Im Vergleich zu dem Jungen beherrscht sie aber nur ein Zehntel seiner Worte. Welche Note soll sie nun bekommen? Eine Sechs? Das wäre gerecht, denn im Vergleich zu allen anderen in der Klasse ist ihr Deutsch ungenügend. Aber wie frustrierend wäre das. Da hat sie sich so angestrengt und richtig viel dazugelernt und dann bekommt sie statt Anerkennung eine Negativbewertung. Das wäre ungefähr so: Ihre Tochter lernt im Alter von fünf Jahren Fahrrad zu fahren. Nach etlichen zaghaften Versuchen hat sie den Bogen raus. Freudestrahlend fährt sie am elterlichen Haus vorbei und ruft: »Mama, guck mal.« Sie treten vor die Haustüre und sagen: »Bilde dir bloß nichts darauf ein. Ich konnte schon mit vier Jahren Fahrrad fahren.« Unmöglich, oder!? Das würde hoffentlich niemand von uns machen. Nein, wir würden uns mit dem Kind über sein Erfolgserlebnis freuen und ihm unsere Bewunderung zollen. Es ist wie bei meinem Kyteerlebnis: Die Erfahrung »Ich kann was (lernen)« und »Ich bin wer«, sprich »Ich bekomme für meine Leistungen Anerkennung«, motivieren ungemein. Sobald Menschen an allgemeingültigen Standards gemessen werden, statt an ihrem individuellen Leistungsvermögen, versagen Noten. Sie wirken dann entweder als unberechtigte Abwertung oder als billige Aufwertung.

Denn nicht nur das Mädchen würde durch die Note demotiviert. Auch dem Jungen könnte das so gehen. Angenommen er bekäme eine Eins, denn die Qualität seines Sprachvermögens ist auf dem Niveau eines guten Fünftklässlers. Was soll der sich noch anstrengen? Er ist ja bereits viel besser als alle anderen. Vielleicht hat dieses Bewusstsein und die permanente Unterforderung bereits dafür gesorgt, dass sich der Junge kaum noch am Unterricht beteiligt, weil ihn das alles langweilt. Viele hochbegabte Kinder erreichen keine guten Noten, weil sie sich innerlich aus dem Unterricht verabschieden. Weder darf man allen Kindern einer Klasse dieselbe Aufgabe geben, noch darf man sie an ein und derselben Norm messen und dann beurteilen.

Eine zweite oft praktizierte Möglichkeit ist, wir vergleichen die Kinder einer Klasse nicht an einer Standardnorm, sondern untereinander. Wir lassen außer Acht, wie gut Kinder aus anderen Klassen oder Schulen sind. Das führt dann dazu, dass ein Kind durch den Wechsel einer Klasse oder Schule plötzlich eine ganz andere Note erhält. Gestern in München eine Zwei in Mathe, heute in Bonn eine Vier.

Angenommen, die Lehrerin hat längst erkannt, dass alle Kinder unterschiedliche Voraussetzungen haben. Weder will sie die Kinder an einem allgemeingültigen Standard messen noch untereinander vergleichen. Sie entscheidet sich, den individuellen Lernzuwachs zu honorieren. Jedes Kind wird entsprechend seines Lernfortschritts bewertet Dem Mädchen würde sie eine Eins geben, dem »faulen« Jungen eine Drei. Diese Möglichkeit ist diejenige, die für die Motivation der Kinder am förderlichsten wäre. Unproblematisch ist aber auch sie nicht. Erklären sie dem Jungen und dessen Eltern mal: »Der kann mehr als alle anderen seiner Klasse, aber er hat eben nichts mehr dazugelernt.« Und was würden die türkischen Eltern des Mädchens denken? Toll, unsere Tochter hat eine Eins in Deutsch. Dann können wir ja weiterhin darauf bestehen, dass unsere Kinder untereinander nur Türkisch sprechen. Sie sehen, auch das ist keine echte Alternative.

Wer eine Eins in Sport hat,
kann noch lange nicht Tischtennis spielen
Der Einfachheit halber habe ich bei dem türkischen Mädchen nur erwähnt, es habe seinen aktiven Wortschatz verdoppelt. Deutsch besteht aber bei Weitem nicht nur aus Wortkenntnis. Damit bin ich beim zweiten Kritikpunkt an Noten: Sie reduziert viele einzelne Fertigkeiten zu einem

Wert. Wie ich bereits erwähnt habe, so besteht selbst Tischtennis aus vielen einzelnen Fertigkeiten. Mein Vorhandtopspin ist erstklassig, mein Rückhandabwehrball drittklassig. Jeder Spieler hat seinen ureigensten Stil. Gäbe mir meine Tischtennistrainerin nach einem Lehrgang eine Note, würde ich sie blöd ansehen. »Was soll ich damit anfangen?«, würde ich fragen. Weder erkenne ich daraus, wo ich mich verbessert habe, noch sagt mir die Zahl, was ich in Zukunft verstärkt trainieren muss. Schulnoten sind eine Zusammenfassung. Unheimlich viele Leistungen und Begabungen werden zu einem Mittelwert zusammengefasst. Sie verraten nicht, was genau jemand gut kann und was weniger gut. Wer Höchstleistungen will, braucht eine differenzierte Sicht.

Und manche Talente werden in der Schule überhaupt nicht berücksichtigt. Sie spielen schlicht keine Rolle, obwohl sie für die Bewältigung des Lebens von großer Bedeutung sind. So habe ich zum Beispiel während meiner gesamten Schulzeit keine einzige Note für meinen Humor bekommen.[16] Skandalös, oder!? Würden Sie dieses Buch lesen, wäre es todernst geschrieben.

Eine schöne Geschichte muss ich Ihnen dazu noch erzählen. Während eines Tischtennislehrgangs der Nationalmannschaft 2007 in der Sportschule Kienbaum trafen wir

---

16 Wer aus meiner Humorbemerkung abliest, ich wäre ein Verfechter von Kopfnoten, den muss ich enttäuschen. Kopfnoten bewerten nicht die Leistungen in einem Fach, sondern übrige »Leistungen« wie etwa Mitarbeit und soziales Verhalten. Kopfnoten wirken erst recht wie ein Kainsmal auf der Stirn. Würden Sie jemanden einstellen, der ein Mangelhaft in sozialem Verhalten auf dem Zeugnis hat?

Fabian Hambüchen und die anderen Turner. Die bereiteten sich gerade auf die Weltmeisterschaft in Stuttgart vor und kamen während einer Trainingspause in die Tischtennishalle. Mein Teamkollege Daniel sprach Fabian an: »Willst du auch mal ein paar Bälle spielen?« Jeder, der die Turner mal an Barren oder Reck gesehen hat, kann erahnen, welche Körperbeherrschung sie haben. Die hätten vermutlich bei jedem Sportlehrer Deutschlands eine Eins bekommen. Also vermutete ich, dass sie ebenso geschickt mit dem Tischtennisschläger umgehen würden. Doch welche Überraschung. Körperbeherrschung: formidabel, Ballbeherrschung: miserabel. Natürlich frotzelten wir: »Fabian, wann hast du Geburtstag? Dann schenken wir dir einen Softball. Mit dem kannst du üben, ohne dich zu verletzen.« Natürlich bekamen auch wir unser Fett ab: »Los Jungs, wir hängen die Kurzarmigen mal ans Reck, die sollen uns was vorturnen.« Darauf konterte ich: »Vorsicht, vor euch steht immerhin Gaderoths ungeschlagener Teppichstangenhänger.«

Aber zurück zu dem türkischen Mädchen und ihrer Deutschnote. Aus der kann niemand ablesen, ob das Kind viele Wörter beherrscht oder diese zwar nicht versteht, sie aber fehlerfrei schreiben kann oder ob sie Informationen aus einem Sachtext verstehen kann. In meiner Heidelberger Wohngemeinschaft habe ich mit Hung Cheng aus Taiwan zusammengewohnt. Der studierte Deutsch. Was der alles über die Grammatik meiner Muttersprache wusste, alle Achtung. Meine theologischen Hausarbeiten habe ich von ihm Korrekturlesen lassen. Wenn wir aber am Küchentisch saßen und lamentierten, dann war Hung Cheng aufgeschmissen. Das gesprochene Wort war nicht seine Stärke. Wissen über die deutsche Sprache: Eins. Sprechen, also Anwenden der Sprache: Sechs. All mein Predigen, er solle sich mehr mit Menschen unterhalten, statt Bücher zu lesen, blieben folgenlos. Sein Argument: »Dann bestehe ich die Prüfungen nicht. Euer Deutsch ist so schlecht.« Zeigt mir die Note, was ich kann und was ich noch lernen muss? Nein! »In der Note verdunstet die Vielfalt des individuellen Leistungsspektrums«[17], sagt Hans Brügelmann, Professor für Erziehungswissenschaft an der Universität Siegen.

Noten gaukeln Objektivität vor

Die Schulnote hat noch ein drittes Problem. Sie gaukelt uns vor, objektiv und damit wahr zu sein. Ein sehr kompetenter Mensch beurteilt die Leistung eines weniger kompetenten Menschen. Nun haben viele Untersuchungen und Versuche gezeigt, dass genau dieses Beurteilen nicht so leicht ist, wie man denken könnte. Verschiedene Lehrer haben auch verschiedene Kriterien, nach denen sie Leistungen bewerten. Ein und dieselbe Arbeit wird von Herrn Meier mit einer Vier bewertet, von Frau Müller aber mit einer Zwei. Das ist der Grund, weshalb bei wichtigen Prüfungen wie einem Staatsexamen immer zwei Korrektoren eine Bewertung abgeben. Und wenn beide weit auseinanderliegen, was übrigens oft vorkommt, dann wird nicht etwa der Mittelwert gebildet, sondern ein Dritter entscheidet, wer von den beiden richtig liegt (als könnte der das besser als die

---

17 Hans Brügelmann: »Die EU-Kultusminister warnen: Noten können die Entwicklung Ihrer Kinder gefährden!«

beiden zuvor). Man hat ein und dieselbe Mathematikarbeit vielen verschiedenen Lehrer/innen zur Bewertung vorgelegt und überrascht festgestellt, die Noten streuen über die Skala von Eins bis Fünf. Ebenso wurde ein und dieselbe Klassenarbeit einem Lehrer über mehrere Jahre immer wieder vorgelegt. Verblüffenderweise gab er zu unterschiedlichen Zeiten verschiedene Noten. Noten sind keine objektive Wahrheit, sondern der subjektive Eindruck eines Einzelnen. Wie es mit den Herausforderungen ist, so ist es mit den Bewertungen. Ich bewerte meine Leistungen am Tisch vielleicht anders als mein Trainer. Ein Schüler bewertet seine Leistung anders als seine Lehrerin. Und sicher gibt es auch Mitschüler, die eine ganz andere dritte Perspektive haben. Es stellt sich damit automatisch die Frage, wessen Beurteilung stimmt eigentlich? Haben Lehrer/innen immer Recht, weil sie per se kompetenter sind? Liegen sie mit ihrer Beurteilung stets richtig? Nein, natürlich nicht. Selbst wenn Lehrer/innen noch so redlich bemüht sind, gerecht, objektiv und ohne Ansehen der Person zu urteilen, so urteilen sie doch stets aus ihrer ureigensten Perspektive heraus. Das ist aber nie die einzig vorhandene Perspektive. Sie merken, durch die Noten können zahllose Konflikte entstehen. Solange Kinder einem Lehrer hohe Kompetenz zusprechen, werden sie seinem Urteil vertrauen. Was aber, wenn jemand völlig anderer Meinung ist? Kinder meinen, zu schlecht (oder zu gut?) bewertet worden zu sein. Eltern rennen Sturm, weil sie überzeugt sind, das eigene Kind hätte eine andere Note verdient. Das alles kostet Zeit und Energie, die nicht fürs Lernen aufgewendet wird. Systembedingt haben Lehrer/innen aber durch die

Notengewalt das letzte Wort. Das kann das Verhältnis der Schüler/innen zu den Lehrer/innen belasten.

Schulnoten bringen Lehrer/innen in eine Zwickmühle

Damit bin ich bei dem vielleicht größten Problem von Schulnoten, welches nach meiner Erfahrung selbst vielen Lehrerinnen und Lehrern nicht bewusst ist. Schulnoten bringen Lehrer/innen und Schüler/innen in eine Zwickmühle. Wieder ein kurzes Beispiel, um zu erklären, was ich meine. Ich hatte in Englisch ab der 7. Klasse stets eine Vier auf dem Zeugnis. Oft konnte ich dem Unterricht kaum folgen. Ich wollte aber auf keinen Fall auf die Fünf rutschen und habe mich daher stets bemüht, wenigstens meine Hausaufgaben ordentlich zu machen. Da ich die aber oft nicht konnte, habe ich meine Hausaufgaben vor dem Unterricht mit einem guten Schüler »abgeglichen«. Weil ich im Unterricht maximal zweimal drangenommen wurde, habe ich mir für zwei Sätze sogar die Erklärung mit abgeschrieben, für den Fall, dass meine Lehrerin nachfragt, warum ich diese und nicht eine andere Verbform gewählt habe. Wenn dann »meine« beiden Sätze drankamen, habe ich wie wild aufgezeigt, um nur ja drangenommen zu werden. Vermutlich kommt Ihnen mein Verhalten bekannt vor. Was ich gemacht habe, war nichts anderes als der Versuch, meine Schwächen vor meiner Lehrerin zu verstecken. Durch Abschreiben der Hausaufgaben oder auch während der Klassenarbeiten wollte ich meine Leistungen in ein besseres Licht rücken. Und meine Lehrerin hat natürlich versucht, das zu verhindern. Manchmal hat sie einfach jemanden drangenommen, der gar nicht aufgezeigt hatte. Und wenn dieser jemand ich war, dann fühlte ich mich immer schlecht. Rumgedruckst habe ich, den Blick starr auf mein Heft gerichtet und so getan, als fiele mir die Lösung im nächsten Moment ein. Am schlimmsten war, wenn meine Lehrerin mich erwischt hat. Natürlich hat sie mich oft genug aufgefordert, zu sagen, was ich nicht verstehe. Aber darauf bin ich nicht reingefallen. Schließlich gab sie mir am Ende des Quartals eine Note für meine nicht vorhandenen Leistungen. Wer Angst vor einer drohenden Negativbewertung hat, der versteckt seine Defizite. Wie ich im Sommer immer meine Beinprothese unter einer langen Hose versteckt habe, um verächtlichen oder mitleidigen Blicken zu entgehen, so habe ich im Englischunterricht meine Unfähigkeit durch Abschreiben und Abtauchen versteckt, um der Fünf zu entgehen. Heute weiß ich freilich, dass ich mich damit um die Chance gebracht habe, meine Schwächen abzubauen. Hätte ich mal klar gesagt, was ich nicht verstehe, meine Lehrerin hätte mir vermutlich helfen können. Aber war wirklich ich derjenige, der mich um die Chancen gebracht hat? Oder war es vielmehr die Schulnote? Lehrer/innen sollen Lernhelfer für Schüler/innen sein. Dazu ist es unbedingt wichtig, dass sich die Lernenden mit ihren Stärken und Schwächen ihnen anvertrauen. Genau das aber verhindern Noten oft. Durch die permanenten Bewertungen werden Lehrer/innen gefährlich für die Schüler/innen. Sie können mich sitzenlassen. Aus Verbündeten werden Gegner. Das ist der Grund, warum im Leistungssport strikt die Trennung von Heimtrainer und Bundestrainer eingehalten wird. Der Bundestrainer ist für Nominierungen verantwortlich. Wenn der in der Halle ist, präsentiere ich mich von der besten Seite. Und natürlich behaupte ich, mehr denn je zu trainieren, wenn meine Nominierung zur EM fraglich ist. Meiner Heimtrainerin kommt eine ganz andere Rolle zu. Der muss ich nichts vormachen. Im Gegenteil. Zuweilen stellt sie eine Videokamera neben meinen Trainingstisch und sucht förmlich nach meinen Schwächen. Und bei ihr ist das gar nicht schlimm für mich. Ich bin mir nämlich absolut sicher, sie meint es gut mit mir. Das Material wird nicht gegen mich, sondern für mich verwendet. Ich gewähre ihr uneingeschränkte Einsicht in meine Stärken und Schwächen und gewinne damit die Chance, an beidem zu arbeiten. Eine Mathematiklehrerin erzählte mir von einem Grundkurs im zweiten Halbjahr der Stufe 12. Viele hatten ernste Schwierigkeiten mitzuhalten und die nächste Klausur rückte näher. Zweieinhalb Wochen vor der Klausur ergriff sie eine ungewöhnliche, aber sinnvolle Maßnahme. Sie hielt eine Rede, die ich hier sinngemäß und verkürzt wiedergebe: »Ihr Lieben, die Klausur rückt näher und ich glaube, viele von euch stehen auf der Kippe. Ich möchte aber, dass ihr alle die Klausur besteht und später das Abitur schafft. Wegen Mathe soll niemand durchfallen. Ab sofort gibt es keinen neuen Stoff für die Klausur mehr. Übermorgen schreiben wir eine Testklausur, für die es keine Noten gibt. Sie dient alleine dazu, damit ihr und ich herausfinden, was wir noch üben müssen. Und dafür bilden wir dann Lerngruppen. Was immer ihr von mir braucht, werdet ihr bekommen.« Eine Schülerin hatte zu einer Klausuraufgabe angemerkt: »So müsste es eigentlich richtig sein. Bin mir aber nicht sicher und möchte das noch üben.« Die Lehrerin hatte sich zu einer bedingungslos Verbündeten gemacht.

Kinder wollen Noten, oder!?

Jetzt habe ich Ihnen vier Argumente genannt, die den Sinn von Schulnoten zur Förderung eines Lernprozesses mehr als fraglich erscheinen lassen. In der Tat hat es in den letzten Jahren überaus viele Studien zu Schulnoten gegeben. Beinahe alle kommen zu dem Ergebnis, Schulnoten behindern Lernen. Mehr noch, viele Kinder erfahren durch schlechte Noten Kränkungen oder durch gute Noten vorschnelle Genügsamkeit mit ihren erbrachten Leistungen. Ein häufiges Argument der Schulnotenbefürworter ist aber: Kinder wollen Schulnoten. Und viele Eltern erzählen genau dieses. Wäre das nicht ein Argument, bei dem ich mich geschlagen geben müsste, weil ich ja schließlich so für die Selbstbestimmung gekämpft habe? Doch wollen Kinder wirklich Noten? Oder wollen sie etwas anderes und bekommen dieses leider nur in Form von Noten?

Ich argumentiere mit meinem Menschenbild. Menschen haben ein Bedürfnis nach Stärke und nach Bindung, also Erfolgserlebnissen und Anerkennung. Eine Zwei auf dem Zeugnis ist sicherlich ein Erfolgserlebnis und vermutlich erntet das Kind auch den Respekt seiner Mitmenschen. Eine Fünf ist dagegen ein Misserfolg und das Kind erhält im besten Fall den Trost seiner Familie. Vielleicht aber auch die Aufforderung, mehr für die Schule zu tun. Im schlechtesten Fall gibt's Prügel, Hausarrest und wochenlange Vorwürfe. Das blieb mir zum Glück alles erspart, aber trotzdem kann ich sagen, ich wollte nicht Noten, sondern gute Noten. Die schlechten waren mir zuwider.

»Eine Zwei auf dem Zeugnis ist sicherlich ein Erfolgserlebnis«, habe ich gerade gesagt und vermutlich sind Sie nicht stutzig geworden. Tatsächlich sind Noten aber kein Erfolgserlebnis im Sinne meiner Kytegeschichte. Etwas zu bewältigen, eine Aufgabe zu lösen, etwas zu verstehen, das sind glücklich machende und motivierende Erfolgserlebnisse. Noten sind nachträgliche Beurteilungen anderer Menschen über meine (Miss-)Erfolgserlebnisse. Sie stellen also allenfalls eine Anerkennung dar. Wenn nun die Leistungen von Menschen permanent gemessen und beurteilt werden, so besteht die große Gefahr, dass Kinder nicht mehr aus Interesse an den Inhalten lernen, sondern nur noch für die Note. Bei Schulnoten handelt es sich um eine Motivation von außen. Ich habe schon mehrfach darauf hingewiesen, dass Menschen so keine Höchstleistungen bringen. Wer nur arbeitet, um Geld zu verdienen, und nicht, weil ihm die Arbeit auch Spaß macht, der wird schlecht arbeiten. Wer nur um der Noten willen lernt, wird kaum was lernen. Noten lenken also vom Wesentlichen ab. Und das nicht nur die Kinder, sondern auch die Lehrer/innen. Die stehen nämlich in derselben Versuchung. Die Klassenarbeit könnte zum wichtigsten Teil ihres Unterrichtes werden. Alles wird auf die Klassenarbeit ausgerichtet, statt auf das Lernen der Kinder. Da muss der Stoff durchgenommen werden, obwohl viele überfordert sind. Und was klausurrelevant ist, muss lange noch nicht wichtig für das Leben der Schüler/innen sein.

Kinder wollen Noten. Wollen alle Kinder Noten oder

nur die, die sich bereits an Noten gewöhnt haben? Stellen Sie sich ein fünfjähriges Mädchen in einem Kindergarten vor. Geduldig hat sie ein Bild gemalt. Nun ist sie fertig, nimmt ihr Werk und geht damit zu Silke, einer Erzieherin. Was wird das Mädchen sagen? »Du, Silke, gibst du mir bitte eine Note für mein Bild?« Ich kann mir das nicht vorstellen. Und wäre sie glücklich, wenn Silke sagen würde: »Du bekommst eine Drei«? Nein, glücklich wäre sie, wenn sie Anerkennung, vielleicht sogar Lob erhielte. Ich glaube, Kindergartenkinder äußern, wenn überhaupt, den Wunsch nach Noten nur, weil sie dann zu den Großen gehören. Als Schulkind, ja, da ist man wer.

Wenn Kinder wirklich gerne Noten hätten, so könnte ich auch fragen, warum sie nur in der Schule Noten wollen. Warum nicht auch im Fußballverein oder in der Musikschule? Oder beim Plätzchenbacken mit ihren Eltern. Warum werden Topleistungen dort erbracht, wo es keine Noten gibt? Und wenn Kinder tatsächlich Noten wollten, dann müssten sie ja sturztraurig sein, wenn sie dann die Schule verlassen und plötzlich keine Noten mehr bekommen. Bitte lieber Chef, jetzt arbeite ich schon seit vier Jahren in Ihrem Betrieb und immer noch weigern Sie sich, mir eine Note für meine Arbeit zu geben. Wie wäre es übrigens, wenn wir ab sofort Medaillen statt Schulnoten einführen würden. Für eine Eins gibt's Gold, für eine Zwei Silber und für eine Drei Bronze, alle anderen gehen leer aus. Ich schätze, wir wären in kürzester Zeit überzeugt: Kinder wollen Medaillen.

Was sonst, wenn keine Noten?

Es gibt die Idee, die Ziffernnote durch eine schriftliche Beurteilung zu ersetzen. Die könnte dann wenigstens ein wenig differenzierter sein als eine einzige Zahl. Alle anderen Probleme aber bleiben. Natürlich gehen auch hier die Beurteilungen weit auseinander und schnell drohen die Beurteilungen zu Verurteilungen zu werden.

Gibt es denn einen anderen Weg, das zu erhalten, was sich die Schulgesetze von den Noten erwarten, nämlich den Stand des Lernprozesses zu erfahren und eine Grundlage für die zukünftige Förderung zu erhalten? Dazu frage ich zuerst: Wer kann den Stand des Lernprozesses am besten beurteilen? Der Lernende, der Lehrende, die Mitschüler? Ich glaube, der Lernende. Ebenso wichtig finde ich aber die Meinung der anderen am Lernprozess Beteiligten. Natürlich lege ich Wert auf die Beobachtungen meiner Heimtrainerin, ebenso wie ich Hinweise von Trainingspartnern ernst nehme. Meine Formulierung zeigt aber, es kommt letztlich auf mich an. Ich weiß, wann ich über- bzw. unterfordert bin. Ich weiß, welche Frage mich am Thema brennend interessiert. Es sind die Schüler/innen, die wissen, was sie sich zutrauen. Selbst bestimmen dürfen macht stark. Selbst ein Gefühl für meine Leistung zu bekommen stärkt ebenso. Wenn eine Schülerin ein Thema erarbeitet hat und dieses ihrer Klasse präsentiert, dann ist zuerst wichtig, ob sie selbst mit ihrem Auftritt zufrieden war. Und die Mitschüler könnten sagen, was sie spannend und neu fanden und wo sie Verbesserungsvorschläge hätten. Und natürlich wird sich auch die Lehrerin mit ihrer großen Kompetenz einbringen. Wer Lernprozesse begleiten will, braucht Dialog, nicht Beurteilungen. Wer lernt, braucht keine Noten, sondern Rückmeldungen, neudeutsch Feedback.

Wie sieht nun so eine Rückmeldung aus, die Menschen stark macht?

Ich nehme nochmal das fünfjährige Kindergartenkind, welches geduldig ein Bild gemalt hat. Silke gibt also keine Note, denn Silke will das Kind stark machen. Also setzt sie sich hin und nimmt das Bild in die Hand. Jetzt sieht sie es sich genau an. Vielleicht spricht sie aus, was sie auf dem Bild sieht. Welche Farben und Formen, Welche Motive und wie die dargestellt sind. Damit vermittelt sie bereits, das Werk des Kindes ist ihr wichtig. Zeit und Aufmerksamkeit widmet sie dem Werk und damit dem Mädchen. Und indem sie beschreibt, was sie sieht, treten beide in einen Dialog ein. Was Silke nicht deuten kann, lässt sie sich erklären. Und das Mädchen kann korrigieren, wenn sie sich missverstanden fühlt: »Das ist ein Baum, keine Blume.« Silke ist nicht diejenige, die auf jeden Fall Recht hat. Sie spricht kein objektives Urteil aus, sondern äußert eine subjektive Meinung. Natürlich würde sich das Kind freuen, wenn Silke das Bild gefiele. Was aber, wenn es sich in den Augen von Silke nur um »Gekrakel« handelt? Muss man zu jedem Werk ein positives Urteil abgeben? Es gibt Eltern, die loben ihre Kinder permanent, aus der Sorge heraus, dass eine Negativbewertung als Kränkung empfunden wird. Ich rate davon ab. Wenn das Kind nun nicht geduldig gemalt hat, sondern nur mal schnell ein paar Farben aufgetragen hat, dann würde es mein begeistertes Lob kaum ernst nehmen können. Nein, ehrlich währt am längsten. Meine ehrliche

Meinung ist für das Mädchen wichtig. »Ich habe den Eindruck, bei dem Fahrrad hast du dich nicht mehr so angestrengt« oder »Mir ist zu viel Grün auf dem Bild«. Entscheidend ist, dass meine Bewertung nicht die letztgültige ist. Indem ich aber Hinweise gebe, was meiner Meinung nach an dem Bild anders sein könnte, kann ich eine Chance für das Mädchen werden, eine Chance, das Fahrrad einmal anders zu malen. Ich fasse zusammen: Starkmachendes Feedback ist subjektiv formuliert, konkret, sachlich beschreibend und konstruktiv. Dem Empfänger vermittelt es: mein Werk ist wichtig, jemand hat Interesse an mir, seine Sicht der Dinge kann mich weiterbringen. Ich darf selbst entscheiden, ob der Feedbackgeber mich überzeugt mit seinen Beobachtungen.

Es bleibt noch zu sagen, dass es tatsächlich Länder gibt, die Schulnoten ans Ende der Schulzeit verbannt haben. In Schweden werden ab Klasse 8 Noten vergeben, in Finnland dürfen vor Klasse 4 keine Noten gegeben werden und vorgeschrieben sind sie dann ab Klasse 7. Und in der italienischen Provinz Südtirol werden die Kinder nicht mehr mit anderen, sondern nur noch mit sich selbst verglichen. Mir als einem Menschen, der von der definierten Norm abweicht, klingt das nach paradiesischen Zuständen.

12. Wer vergleicht, kommt in Teufels Küche

Apropos Paradies. Wissen Sie, welche beiden Geschichten die Bibel direkt hinter der Paradieserzählung (1. Mose 2) erzählt? Es ist die Geschichte von Adam, Eva und Gott

(1. Mose 3) und die Geschichte von den Brüdern Kain und Abel (1. Mose 4). Beide Geschichten erzählen vom Fluch des Vergleichens. Offensichtlich hält auch die Bibel dieses Thema für ein Grundthema des Menschen.

12.1 Kain und Abel

Die Geschichte von Kain und Abel: »*Adam erkannte Eva, seine Frau; sie wurde schwanger und gebar Kain. Da sagte sie: Ich habe einen Mann vom Herrn erworben. Sie gebar ein zweites Mal, nämlich Abel, seinen Bruder. Abel wurde Schafhirt und Kain Ackerbauer. Nach einiger Zeit brachte Kain dem Herrn ein Opfer von den Früchten des Feldes dar; auch Abel brachte eines dar von den Erstlingen seiner Herde und von ihrem Fett. Der Herr schaute auf Abel und sein Opfer, aber auf Kain und sein Opfer schaute er nicht. Da überlief es Kain ganz heiß und sein Blick senkte sich. Der Herr sprach zu Kain: Warum überläuft es dich heiß und warum senkt sich dein Blick? Nicht wahr, wenn du recht tust, darfst du aufblicken; wenn du nicht recht tust, lauert an der Tür die Sünde als Dämon. Auf dich hat er es abgesehen, doch du werde Herr über ihn! Hierauf sagte Kain zu seinem Bruder Abel: Gehen wir aufs Feld! Als sie auf dem Feld waren, griff Kain seinen Bruder Abel an und erschlug ihn.*«

Kain und Abel sind Brüder. Der Name Abel bedeutet Windhauch, flüchtiges Leben, der Name Kain bedeutet Lanze oder auch erwerben. Abel ist Schäfer und damit ein nichtsesshafter Nomade. Kain ist Bauer, also sesshaft.[18] Beide bringen Gott ein Opfer. Jeder für sich, nicht gemeinsam. Beide sind Konkurrenten. Aber nur Abels Opfer wird von Gott gnädig angesehen. Frechheit, oder? Wie kann Gott so ungerecht sein und den einen bevorzugen? Ich kann das Gefühl von Kain gut verstehen. Wie kann Gott so gemein sein, meinem Bruder lange Arme und mir kurze Arme zu verpassen? Das ist ungerecht! Warum sind andere Menschen so viel besser dran als ich? Schöner, stärker, begnadeter, reicher. Die Formulierung *»der Herr schaute auf Abel und sein Opfer«* meint übrigens nichts anderes als, Abel ist gesegnet. Und Segen im Ersten Testament bedeutet ganz praktisch, Abel ist wohlhabend. Darin besteht die Ungerechtigkeit. Abel hat mehr als Kain. Die Ungerechtigkeit besteht nicht darin, dass Kain zu wenig zum Leben hätte. Auch Kain hat genug. Ja, mehr als genug. Sein Name, der auch erwerben bedeutet, weist Kain als wohlhabend aus. Übrigens besteht der eigentliche Skandal dieser Geschichte darin, dass die Ungleichheit auf Gottes Handeln zurückgeführt wird. Die Verschiedenheit der Menschen ist gottgewollt. Kain aber, der will es anders. Er kann sich nicht mit dem Unterschied abfinden. Er, der Starke, der Erstgeborene, der wirtschaftlich Bevorzugte, ist plötzlich benachteiligt. Der Starke ist plötzlich schwach und wird zurückgesetzt, ja zurückgewiesen und wie alle Starken reagiert er besonders empfindlich auf Misserfolge.

Statt nun Gott seine Empörung offen zu klagen, senkt

---

18 Historischer Hintergrund der Erzählung ist der Gegensatz zwischen den Nomaden und den sesshaften Bauern.

er seinen Blick und frisst das Gefühl in sich hinein. Jetzt wird es gefährlich. Kain wird zum Vulkan. Wer seinen Zorn einsperrt, der riskiert einen Ausbruch. Gott bemüht sich noch um einen Ausweg: »*Warum brennt es in dir? Und warum entgleiten deine Gesichtszüge derart?*«[19] Würde Kain die Frage ernst nehmen, käme er vielleicht von alleine auf das, worauf ihn Gott dann ausdrücklich verweist: »*Wenn dir Gutes gelingt, schaust du stolz; wenn dir aber nichts Gutes gelingt, lauert die Sünden an der Tür. Auf dich richtet sie ihr Verlangen, doch du – du musst sie beherrschen.*« Nicht die Ungleichheit ist das Problem, sondern dein Umgang mit ihr. Solange dir Gutes gelingt, solange du zu den Siegern gehörst, solange ist deine Welt in Ordnung. Wehe aber, du scheiterst. Gott gibt dem Kain eine Aufgabe. Du sollst die Sünde des Neids beherrschen. Kain soll lernen, nicht auf den begabten Bruder zu blicken, sondern alleine auf sich. Aber es ist zu spät. Kain reagiert nicht einmal mehr auf die Anrede Gottes. Als hätte er sie gar nicht gehört, erschlägt er blind vor Wut seinen Bruder. Sünde meint in dieser Geschichte nichts anderes als sich in den Neid hineinzusteigern. Wie heilsam wäre doch für Kain diese andere Perspektive gewesen. Ja, Abel hat mehr Talente als du, aber auch deine reichen aus fürs Leben. Du hast genug zum Leben.

Eine letzte Anmerkung. Diese biblische Erzählung geht weiter. Gott bestraft den Kain mit einem Fluch: »Wenn du den Acker weiter bearbeitest, wird er dir seine Kraft nicht

---

19 Diese Zeile habe ich nach der »Bibel in gerechter Sprache« zitiert, die hier treffend übersetzt.

mehr geben. Rastlos und ruhelos wirt du auf der Erde sein.« Nun, Kain, du wirst weiter deine Leistung bringen. Tagtäglich wirst du die Kraft deiner Hände einsetzen und dein Feld bestellen. Immer wieder wirst du bemüht sein, etwas Großes zu tun. Aber, das wird dich nicht mehr stark machen. Dein Herz wird sich nicht mehr an der Frucht deiner Arbeit erfreuen können. Du hast im Bruder nur einen Konkurrenten gesehen. Und den Konkurrenten hast du beseitigt. Was ist dein Sieg jetzt noch wert? Was hast du jetzt noch von deiner Arbeit? Niemand freut sich mehr mit dir über deinen Reichtum. Es ist niemand mehr da, mit dem du teilen könntest. Ach, hättest du deinem Bruder seine Begabungen doch gegönnt. Und hättest du dich doch an deinen eigenen Gaben erfreut. Ihr hättet beide mehr als genug zum Leben gehabt. Und ihr hättet teilen können und so euer Leben noch reicher gemacht. Vor dem Totschlag hatte Kain geglaubt, sein Neidproblem würde sich lösen, wenn es den Beneideten nicht mehr gäbe. Tatsächlich aber verliert er durch den Totschlag die Früchte seiner Arbeit und die Früchte des anderen. Statt stark zu sein und in sich zu ruhen, wird Kain rastlos und ruhelos. Er kommt in Teufels Küche, denn er verlässt den Garten Eden, also den Ort der unmittelbaren Gemeinschaft mit Gott. Wer in die Falle des Vergleichens tappt, der verliert die Freude an den eigenen Begabungen und an den Begabungen der Mitmenschen. Der verliert die tragenden Beziehungen. Das ist der Fluch des Vergleichens.

12.2 Am liebsten wie Gott sein

Die Geschichte von Kain und Abel, zwei Brüdern, die sich vergleichen. Ich habe ja ein wenig Verständnis für den Kain. Ein Mensch wäre gerne wie ein anderer Mensch. Biblisch gesehen ist das aber noch gar nicht der Gipfel des Vergleichens. Nein, wenn schon, dann lasst uns sein wie Gott selbst. Das ist das Thema des sogenannten zweiten Schöpfungsberichtes (1. Mose 2,4b–25). Gott hatte den Adam (= Mensch) geschaffen und für diesen den Garten Eden (= üppig / überreichlich sein / Ort der Wonne) angelegt. Viele Bäume gab es dort mit allerlei Früchten. Mehr als genug, um spielend das Leben zu genießen. Einen Baum allerdings, von dem durfte Adam nicht essen. Der Baum der Erkenntnis von Gut und Böse. Dieser Baum steht nur aus einem Grund in Eden. Nämlich, er markiert den Unterschied zwischen Gott und Mensch. Gott darf von allen Bäumen essen, der Mensch von allen minus einem. Da Menschsein alleine ziemlich langweilig ist, lässt Gott Adam, den Menschen, in einen Tiefschlaf fallen und teilt ihn in zwei Hälften[20] auf, um beide wieder mit Fleisch aufzufüllen. So entstehen Mann (isch) und Frau (ischa). Wegen der hebräischen Wortähnlichkeit übersetzte Luther Mann und Männin. Doch statt dass die sich nun an ihrer Gemeinschaft und den vielen Bäumen freuen, fällt der Blick auf den einen Baum, der einen Unterschied darstellt. Die Schlange verspricht: »Sobald ihr davon esst, gehen euch die Augen auf;

---

20 Luther übersetzte das Wort Zela mit Rippe, obwohl es sonst in der hebräischen Bibel Seite bedeutet.

ihr werdet wie Gott und erkennt Gut und Böse.« Was für eine Verlockung. Endlich nicht mehr diese unsägliche Grenze ertragen müssen. Sein wie Gott. Beide essen von den Früchten des Baumes, und in der Tat bestätigt Gott: »Der Mensch ist geworden wie wir, er erkennt Gut und Böse.« Allerdings hat das dem Menschen kein Glück gebracht. Denn er ist zwar grenzenlos geworden, zugleich aber auch beziehungslos. Lebten Mensch und Gott anfangs in harmonischer Freundschaft zusammen, denn der Mensch vertraute Gott, so schmeißt Gott den Menschen nun aus dem Paradies, denn durch den Vertrauensbruch misstraut Gott nun seinerseits dem Menschen. Vergleichen zerstört Beziehungen. Konkurrenz zerstört Vertrauen. Gott wirft den Menschen aus dem Paradies. Das ist sowohl eine Strafe für den Menschen als auch ein Schutz. Denn im Garten gibt es noch einen weiteren wichtigen, bislang aber unerwähnten Baum, nämlich den Baum des Lebens. Das wäre eine Katastrophe, wenn der Mensch auch noch von diesem essen würde. Vorher, als die Beziehung Mensch – Gott noch intakt war, da hätte Gott dem Menschen ein nicht endendes Leben gegönnt. Jetzt aber, da man sich gegenseitig misstraut und sich voreinander versteckt, da wäre ewiges Leben fatal. Denn zerbrochene Beziehungen zerstören das Lebensglück.

Adam und Eva vergleichen sich mit Gott. Der Mensch wäre gerne wie Gott. Dass dieses Unterfangen völlig aussichtslos ist, ja von vornherein zum Scheitern verurteilt ist, erzählt uns die Geschichte vom Turmbau zu Babel. Die Menschen greifen nach dem Himmel. Sie wollen einen Turm bauen, der an Gott heranreicht. Es ist eine kleine

Notiz, die zeigt, wie bescheuert der Plan ist. »Da fuhr der Herr hernieder, dass er sähe die Stadt und den Turm« (1. Mose 11,5). Wow, was für ein monumentaler Bau, dieser Turm. Allerdings nur aus menschlicher Perspektive. Aus Gottes Perspektive ist er winzig. Er kann ihn nicht einmal erkennen, ohne von seinem Thron aufzustehen (und glauben Sie mir, Gott hat ziemlich gute Augen).

TEIL 5

Spielend das Leben gewinnen

Viel habe ich über die Bedeutung von Erfolgserlebnissen für das Lebensgefühl geschrieben. Wer erlebt hat, ich kann was, der wird stark. Ich habe gefragt, wie andere Menschen uns dabei unterstützen können. Wer lernt, selbst zu bestimmen, der wird stark. Und die ständig drohende Gefahr des Vergleichens habe ich aus mehreren Perspektiven betrachtet. Wer erlebt, ich kann das schlecher als andere, der wird gekränkt. Insbesondere das Phänomen, von anderen verglichen zu werden, ist ein großes Problem, denn ich kann mich kaum dagegen wehren. Ich lebe nun mal in einer Gesellschaft, die Menschen in Kategorien aufteilt. Standards und Normen werden nicht nur für Joghurtbecher aufgestellt, sondern auch für Menschen. Aus verschiedenartigen, aber gleichwertigen Menschen werden Sonderfälle. Statt gemeinsam die Vielfalt zu genießen, bemühen wir uns um Homogenität. Statt Integration leben wir Separation. Nun wird mein Buch vermutlich das Land, in dem ich lebe, nicht verändern. Vielleicht kann es aber für einzelne Menschen wichtig werden. Wenn die eine oder der andere gestärkt und ermutigt würde, dann hätte ich viel erreicht. Daher gehört der Schluss meines Buches nicht der Klage, sondern der Hoffnung.

»Spielend das Leben gewinnen« heißt mein Buch. Der Titel könnte so verstanden werden, als böte ich Rezepte, wie sich ein Mensch zum Gewinnertyp machen kann. Dann käme es vor allem auf mich an. Mein Untertitel weist aber in eine andere Richtung. Stärke bekommen Menschen geschenkt. Wir werden stark gemacht, wenn wir Herausforderungen meistern und von Menschen Wertschätzung erfahren. Es kommt vor allem darauf an, in welcher Gesellschaft ich lebe und wie Menschen mit mir umgehen. »Vor allem« schreibe ich und deute damit an: Ich bin nicht ausschließlich ein Ergebnis meiner Umwelt und meiner Mitmenschen. Eine Dame mittleren Alters erzählte mir in einem Seelsorgegespräch von ihrer Kindheit in einem kirchlichen Heim. Von harter Arbeit, zerrissenen Kleidern und von drakonischen Strafen. Nichts konnte sie den Diakonissen recht machen und jeder privater Besitz wurde eingezogen. Aber sie lebe und manchmal habe sie das Gefühl, nun glücklich zu sein. Diese Geschichte kam mir wie ein Wunder vor. Da es ein Seelsorgegespräch war, möchte ich hier nicht mehr erzählen. Stattdessen erzähle ich Ihnen eine biblische Geschichte. Eine echt starke Hoffnungsgeschichte gegen Kränkung und Vergleichswahn. Da sie sich gut an Teil 4 anschließt, fange ich mit ihr an (Kap. 13).

Als ich geboren wurde, haben meine Eltern und Großeltern eine düstere Zukunft auf mich zukommen sehen. Mit so wenig Möglichkeiten, wie soll aus dem Jungen mal ein starker Typ werden? Wo wird der mal einen Platz in der Gesellschaft finden? Heute bin ich 43 Jahre alt. Hinter mir liegen kränkende, aber auch viele stärkende Erfahrungen. Hinter mir liegen viele Begegnungen. Manche Menschen haben mir ihre Kraft gegeben und mich durchs Leben getragen. Andere haben mich bewusst oder unbewusst klein gemacht und mir harte Brocken in den Weg gelegt.

In Kapitel 14 erzähle ich von Erfahrungen und Begegnungen, die mich gelehrt haben, mich trotz mancher Unzulänglichkeiten wertvoll und stark zu fühlen. Ich hoffe, Sie finden ähnliche Erfahrungen in Ihrem eigenen Leben. In meinen Geschichten über Erfolgserlebnisse kam immer wieder das Thema »ich bin wer« vor. Oft erhalten wir Anerkennung und Bedeutung aufgrund unserer Leistungen wie in meinem Kyteerlebnis. Aber es gibt auch Anerkennung völlig unabhängig von Leistung. Ich bin wer, ohne etwas können zu müssen. Davon erzähle ich in Kapitel 15. Als Zusammenfassung und Hoffnungszeichen möchte ich dann noch träumen von einer Welt, die allen Menschen gerecht wird (Kap. 16).

13. Steh auf und geh!
Der Kranke am Teich Bethesda

Sich mit anderen zu vergleichen oder permanent mit anderen verglichen zu werden, kann wie ein Fluch auf dem Leben lasten. Und die Gefahr, in die Vergleichsfalle zu tappen, ist groß. Zu viele glauben, dass Konkurrenz das Geschäft belebt. Zu viele meinen, durch Vergleiche und Wettkampf, durch Druck und erzwungene Disziplin stark fürs Leben zu werden. Und selbst die Verlierer des Systems suchen die Schuld nicht im System, sondern bei sich selbst. Wie soll ein Mensch, wie soll ein Kind stark werden, wenn es immer wieder verliert, wenn es immer wieder gekränkt wird? Wer befreit uns von dem Wahn, höher, schneller, weiter zu müssen? Wie wäre es mit Gott? Wer anders versteht sich auf das Befreien von Menschen und die Überwindung von Flüchen?

Haben Sie schon einmal die Geschichte des kranken Mannes am Teich Bethesda in Johannes 5,1–16 gelesen? Als ich mich für eine Predigt mit diesem Text beschäftigen musste, war es mir, als wäre diese Geschichte eigens für mich geschrieben worden.

»Jesus zog hinauf nach Jerusalem. Es ist aber in Jerusalem beim Schaftor ein Teich, der heißt auf Hebräisch Bethesda. Dort sind fünf Hallen; in denen lagen viele Kranke, Blinde, Lahme, Ausgezehrte. Sie warteten darauf, dass sich das Wasser bewegte. Denn der Engel des Herrn fuhr von Zeit zu Zeit herab in den Teich und bewegte das Wasser. Wer nun zuerst hineinstieg, nachdem sich das Wasser bewegt hatte, der wurde gesund, an welcher Krankheit er auch litt. Es war aber dort ein Mensch, der lag achtunddreißig Jahre krank. Als Jesus den liegen sah und vernahm, dass er schon so lange gelegen hatte, spricht er zu ihm: Willst du gesund werden? Der Kranke antwortete ihm: Herr, ich habe keinen Menschen, der mich in den Teich bringt, wenn das Wasser sich bewegt; wenn ich aber hinkomme, so steigt ein anderer vor mir hinein. Jesus spricht zu ihm: Steh auf, nimm dein Bett und geh hin! Und sogleich wurde der Mensch gesund und nahm sein Bett und ging hin.

Es war aber an dem Tag Sabbat. Da sprachen die Juden zu dem, der gesund geworden war: Es ist heute Sabbat; du darfst dein Bett nicht tragen. Er antwortete ihnen: Der mich gesund gemacht hat, sprach zu mir: Nimm dein Bett und geh hin! Da fragten sie ihn: Wer ist der Mensch, der zu dir gesagt hat: Nimm dein Bett und geh hin? Der aber gesund geworden war, wusste nicht, wer es war; denn Jesus war entwichen, da so viel Volk an dem Ort war. Danach fand ihn Jesus im Tempel und sprach zu ihm: Siehe, du bist gesund geworden; sündige hinfort nicht mehr, dass dir nicht etwas Schlimmeres widerfahre. Der Mensch ging hin und berichtete den Juden, es sei Jesus, der ihn gesund gemacht habe. Darum verfolgten die Juden Jesus, weil er dies am Sabbat getan hatte.«

Bethesda ist ein Sanatorium, ein Krankenhaus. Dort liegen Menschen mit den unterschiedlichsten Krankheiten. Doch eine Krankheit haben sie alle gemeinsam: Die Krankheit, unbedingt Erster bzw. Erste sein zu müssen! Das liegt an dem Teich inmitten der fünf Hallen. Immer wieder mal und völlig unvorhersehbar sprudelt dort das Wasser. Und dann wird diesem Teich Heilkraft zugeschrieben, die ausreicht, jede noch so schlimme Krankheit zu kurieren. Angeblich steigt ein Engel herab und bewegt das Wasser. Wer dann zuerst ins Wasser steigt, wird gesund.

Stellen Sie sich die Situation bitte bildlich vor. Hunderte, vielleicht Tausende von erkrankten Menschen suchen ihr Heil in einem See. Dafür müssten sie nur die Ersten sein. Es entbrennt ein permanenter Kampf um den besten Platz. Wer sein Lager nah am Ufer hat, ist klar im Vorteil. Wer Helfer hat, dessen Chancen steigen. Und wessen Beine flink sind, der kann jeden Gelähmten abhängen. Da wird geschubst und gedrängelt. »Weg gegangen, Platz vergangen« ist an der Tagesordnung. Rücksichtslos wird einer des anderen Wolf oder Teufel, wie Sie wollen. Dagegen ist der Kampf um eine Liege am Hotelpool auf Mallorca das reinste Zuckerschlecken. Hier in Bethesda geht es um viel mehr als um einen Platz an der Sonne. Wer gewinnt, wird gesund.

Seltsamerweise ist aber Bethesda kein religionsloser Ort. Nein, es gibt einen Glauben. Die Menschen vertrauen und hoffen auf einen Engel Gottes. Ein schöner, vielleicht sogar tröstlicher Gedanke, dass Gott durch einen Engel gesund machen kann. Hoffen Sie auch auf einen solchen Boten Gottes? Bevor Sie antworten, schauen Sie sich den Engel genau an. Was ist das für eine Religion, die den Starken Gesundheit verspricht? Nur der Erste wird geheilt, so lautet die Spielregel. Und was ist mit den ewigen Verlierern?

Was mich nun wundert, ist das Verhalten der Menschen, bei denen klar ist, sie werden nie Erster werden. Warum bleiben sie in Bethesda? Was hält sie dort? Sie haben keine Chance, den Wettlauf zu gewinnen. Und doch bleiben sie. Gefangen im Bann der Regel. Vielleicht kommen sie nicht einmal auf die Idee, dass sie mit jeder neuen Wasserbewegung enttäuscht werden. Wieder verloren. Immer und immer wieder verlieren. Wie frustrierend dieser Ort der wiederkehrenden Niederlagen. Ach wäre ich doch nur stärker, dann könnte ich meine Chance nutzen. Es liegt an mir, dass ich es nicht schaffe.

Und dann taucht Jesus statt des Engels auf. Und nicht im Wasser, sondern an Land. Und nicht die Starken müssen laufen, sondern er geht zu den Schwachen. Mit sicherem Blick erkennt er den Letzten unter den Verlierern, 38 Jahre krank und immer das Rennen um das Leben verloren. Und Jesus bringt eine andere, eine genau entgegengesetzte Regel in das Sanatorium: »Die Letzten werden die Ersten sein« (Matthäus 19,30). Verkehrte Welt, im wahrsten Sinne des Wortes wird die Konkurrenzwelt umgekehrt. Nicht der Erste wird geheilt, sondern der Letzte. Es gibt in dieser Geschichte nur einen Boten Gottes: Jesus!

Geheilt ja, aber wovon eigentlich? Woran leidet dieser Mensch seit 38 Jahren? Die Frage ist nicht zu beantworten, denn der Text macht keine Aussage darüber. Es mag einen Hinweis geben. Die Heilungsworte Jesu in Vers 8 und 9 (»Steh auf, nimm dein Bett und geh hin! Und sogleich wurde der Mensch gesund und nahm sein Bett und ging hin.«) ähneln doch sehr den Heilungsworten, die Jesus zu dem Gelähmten in Markus 2,11+12 sagt (»Ich sage dir, steh auf, nimm dein Bett und geh heim! Und er stand auf, nahm sein Bett und ging.«). War der Mann gelähmt? Dann jedenfalls nicht völlig, denn nachher wird er sagen: »Wenn ich aber hinkomme, so steigt ein anderer vor mir hinein.« Wir können über seine Erkrankung nur spekulieren. Woran er aber leidet, das erfahren wir. »Willst du gesund werden? Fragt Jesus, worauf der Kranke antwortet: Herr, ich habe keinen Menschen, der mich in den Teich bringt. »Ich habe keinen Menschen« ist seine Krankheit. Hier, wo jeder für sich kämpft, hier, wo alle dicht an dicht gedrängt sind, hier sind sie doch alle allein gelassen. Hier stärken sich die Menschen nicht untereinander, sondern sie kränken einander. Jeder ist sich selbst der Nächste und das verhindert Beziehungen.

Haben Sie gemerkt, dass der vielleicht gelähmte Mann die Frage Jesu nicht beantwortet? Jesus fragt: »Willst du gesund werden?« Der Mann antwortet: »Ich habe keinen

Menschen.« Statt deutlich seinen Willen kundzutun, klagt der Mann. Weiß der gar nicht mehr, was er will? Hat er vergessen, worum es geht? Immer wieder fragt Jesus in den Heilungsgeschichten »Was willst du?« und dann antworten die Menschen: »Ich will gesund werden.« Darauf werden sie geheilt und Jesus lobt ihren Glauben (= Willen). Hier gibt es nichts zu loben. Dieser Mann ist gefangen in seiner Klage. Vielleicht waren seine Beine gelähmt, ganz sicher aber war es sein Herz. Verzagen und klagen waren seine Lebensäußerungen. Vielleicht fragt Jesus deswegen nicht nach und geht auch nicht auf die Klage ein.

Stattdessen reißt Jesus völlig unvermittelt die Geschichte herum: »Steh auf, nimm dein Bett und geh!« Was für ein Wort! Du kannst aufstehen und gehen. Du ganz alleine. Pack deine sieben Sachen und geh weg von diesem Ort, der dich krank macht. Lass dich nicht mehr lähmen von den ewigen Niederlagen und der einsam machenden Konkurrenz. Dein Heil findest du nicht im Wettkampf. Was für ein Wort! Was für eine Zumutung. 38 Jahre lang hat dieser Mensch nach derselben Spielregel gelebt und nun mutet ihm Jesus zu, sich davon zu verabschieden. Er soll sich auf die eigenen Füße stellen und seiner eigenen Kraft vertrauen. Wie viele Menschen könnten glücklich und zufrieden das Leben genießen, weil ihnen Gott genügend Gaben fürs Leben geschenkt hat. Und wie viele Menschen haben jede Freude an den eigenen Talenten verloren, weil sie im Vergleich zu anderen schlecht abschneiden. Den Wettlauf wirst du verlieren mit deiner Beinprothese, aber deinen eigenen Lebensweg, den kannst du gehen. Die Lektion, die ich mein 43 Jahre währendes Leben bemüht bin zu lernen, die soll dieser Mann von jetzt auf gleich beherrschen. Aber wie durch ein Wunder steht er auf, nimmt seine dünne geflochtene Matratze, denn nichts anderes war sein Bett, und geht.

Die Geschichte könnte wie viele andere Heilungsgeschichten hier zu Ende sein. Aber es gibt noch einen kleinen Anhang. Denn wohin kann ein Mensch gehen, wenn er sich nicht mehr mit anderen vergleichen will? Wenn er aussteigen will aus dem Konkurrenzkampf. Gerade ist er einer lebensfeindlichen Regel entronnen, da wird er mit einer zweiten konfrontiert. *»Es war aber an dem Tag Sabbat«*, bekommt er von frommen Menschen gesagt. Und am Sabbat, da darfst du dein Bett nicht tragen. Das ist verboten. Doch diesmal ist der Mann nicht mehr alleine. Jemand stärkt ihm Beine und Willen. *»Der mich gesund gemacht hat, sprach zu mir: Nimm dein Bett und geh hin!«* Der Mann hat keinen Ort gefunden, der ihm Freiheit bringt, sondern einen Menschen. Daher wendet sich der Vorwurf der Frommen sofort gegen Jesus. Da fordert jemand Menschen auf, die gegebenen Spielregeln zu brechen, falls diese sich als lebensfeindlich erweisen. Der ist gefährlich. Ja, Jesus hinterfragt die Gesetze: »Der Sabbat ist um des Menschen willen gemacht und nicht der Mensch um des Sabbats willen« (Markus 2,27). Diese Geschichte ist im Johannesevangelium zweifelsohne eine Begründungsgeschichte für den späteren Kreuzestod Jesu. Aber sie ist eben auch eine Befreiungsgeschichte. Jesus sucht nämlich den Geheilten noch einmal auf. *»Danach fand ihn Jesus im Tempel und sprach zu ihm: Siehe, du bist gesund geworden; sündige hinfort nicht mehr, dass dir nicht etwas Schlimmeres widerfah-*

re.« Und wieder ist es ein Ort voller Religiosität, an dem Jesus dem Mann begegnet, diesmal der Tempel. Hier steigt kein Engel Gottes ins Wasser, hier ist Gott selbst gegenwärtig. Doch dieser Ort ist längst zu einem Ort der Regeln und Vorschriften gemacht worden. Der Mann mag Gott suchen, aber er findet Gebote. »Sündige hinfort nicht mehr«, mahnt Jesus eindrücklich. Lass dich nicht wieder von einer neuen Regel gefangen nehmen. Über das Einhalten der Gebote wirst du das Heil auch nicht finden.

Eine Schlussbemerkung: Der Mann hat auch nach seiner Befreiung keinen Menschen. Aber jetzt kann er seinen Weg mit großer Gelassenheit gehen. Sein Klagelied hören wir nicht mehr. Freimütig, fast naiv gibt er den Menschen Auskunft. Dank Jesu Hilfe ist er sich nun selbst genug. Er ist einem Menschen begegnet, »der ihm zugetraut und zugemutet hat, dass er auf eigenen Beinen stehen und seinen eigenen Weg gehen kann«.[21] Gott befreit von dem Wahn, der Erste, die Schönste, der Beste zu sein. Denn für ihn bist du so, wie du bist, genau richtig.

14. Wie ich mit meinen Grenzen versöhnt wurde

So wie ich bin, bin ich für Gott gut. Zum Glück habe ich diese Erfahrung auch mit Menschen gemacht. Ich bin in meinem Leben auf Menschen getroffen, die mich und meine Leistungen nicht als minderwertig betrachtet haben. Die

---

21 Lückel, Kurt: »Geschichten erzählen vom Leben«

mich wie einen vollwertigen Menschen behandelt haben, weil ich genau das in ihren Augen war und bin. Bei allen Problemen, die meine Behinderung mit sich brachte, wurde ich doch nicht zu einem Problemkind. Bei allen Niederlagen, die ich hinnehmen musste, wurde ich doch nicht zu einem Verlierer. Denn es gab genügend Gegenerfahrungen. Wenn es mir etwa gelang, einen Lenkdrachen steigen zu lassen, dann waren da Menschen, die sich mit mir freuten. Meine Freude am Gelingen wurde durch das Mitfreuen anderer Menschen noch vergrößert. So lernte ich, Erfolgserlebnisse zu schätzen. Immer und immer wieder bescherte mir Tischtennis ein starkes Gefühl. Und heute bin ich Medaillengewinner und Pfarrer. Das fühlt sich auch gut an.

14.1 Gewinnen, immer wieder gewinnen, Sieger sein

So wie wir verlieren, immer wieder verlieren und dann zu einem Verlierer werden können, so geht es auch mit dem Gewinnen. Viele kleine Schritte des Erfolgs können uns dauerhaft zu einem Gewinner machen. Lasst sie uns genießen und feiern, denn sie machen uns stark.

Gewinnen – kleine Siege feiern

Manchmal sind es die kleinen, alltäglichen Erfolge, die stark machen. Vielleicht hat gerade meine Behinderung dazu geführt, dass ich meine Gaben und die schönen Momente meines Lebens nicht für selbstverständlich erachte. Dankbar genieße ich kleine Siege.

Während meiner Zeit als Pfarrer in Schildgen habe ich mit meinen Konfirmanden eine Wochenendfreizeit in den Einrichtungen für behinderte Menschen in Bielefeld-Bethel gemacht. Da gibt es einen kleinen Laden, in dem verkauft wird, was in den Werkstätten hergestellt wird. Mein Blick fiel auf einen Nussknacker. Sie müssen wissen, nie zuvor in meinem Leben konnte ich Nüsse knacken. Weder hatte ich die Kraft, noch konnte ich die Nuss so einklemmen, dass sie im Nussknacker hielt. In diesem Laden entdeckte ich einen außergewöhnlichen Nussknacker. Es war eine hölzerne Kiste mit einem großen Schwengel obendrauf. Man konnte eine Nuss auf einen Stempel legen, dann den Schwengel herunterdrücken und so die Nuss knacken. »Den kann ich bedienen«, war ich mir sicher und kaufte das Teil. Am Montag nach dem Wochenende habe ich einen Sack Walnüsse besorgt und dann ging es los. Nuss um Nuss wurde geöffnet. Mit 36 Jahren konnte ich zum ersten Mal in meinem Leben selbstständig Nüsse knacken. Jeden Abend saß ich nun an meiner neuen Errungenschaft. Am Ende der Woche war der Sack leer und ich voll. Wie ein kleines Kind habe ich mich an meiner neuen Möglichkeit gefreut. Verglichen mit anderen hätte ich mich ärgern können, dass ich so lange keine Nüsse knacken konnte. Aber für mich betrachtet, war ich dankbar. Übrigens, ähnlich erging es mir, als ich im Alter von 34 Jahren einen Korkenzieher geschenkt bekam, den ich selbstständig handhaben konnte. Danach war ich abends auch oft voll.

Sehr oft habe ich in diesem Buch von Gaben und Grenzen, Fähigkeiten und Unfähigkeiten gesprochen. Als wäre das immer so einfach voneinander zu unterscheiden. Mir ist es schon manches Mal so ergangen, dass sich meine Einschätzung gewandelt hat bzw. ich erst nach einiger Zeit das Positive an meiner Einschränkung entdeckt habe. Dann werte ich meine Grenze als Gewinn. Einmal war nicht ich es, sondern meine zweite Nichte, Ronja. Was für mich eine Behinderung war, war für sie eine Begabung.

Sie erinnern sich an Marleen, die Tochter meiner Nichte Siska. Auch im Alter von zehn Monaten schon ein pflegeleichtes Kind und noch dazu von ausgesuchter Schönheit. An einem Wochenende wollte Siska einkaufen gehen und bat die Urgroßeltern, also meine Eltern, den Babysitter zu spielen. Kein Thema, denn normalerweise ist Marleen quietschvergnügt und friedlich. Doch diesmal fing sie an zu weinen. Auch durch Faxenmachen und Milch einflößen war sie nicht zu beruhigen. Da kam mir eine Idee. Ich holte ein Schüsselchen mit Puderzucker, leckte meinen Daumen an, tauchte ihn tief ins saftige Süß und streichelte dann die Lippen von Marleen. Sie stutzte, zögerte, leckte vorsichtig an meinem Daumen und schwups war er in ihrem Mund verschwunden. Ich wiederholte die Prozedur, sobald sie wieder anfangen wollte zu weinen. So lange bis mein Daumen knallrot vom Nuckeln war. Ronja saß daneben und kommentierte: »Du hast den besten Daumen der Welt.« Schön, wenn eine Behinderung zur Auszeichnung wird. Aus meiner Begrenzung wurde eine Begabung.

Ich war zu Gast bei einem Stehempfang. Mir fiel ein Mann im Rollstuhl auf und ich dachte bei mir, der muss sich doch blöd vorkommen. Aber nach 1½ Stunden und circa sieben langatmigen Reden kam ich mir blöd vor und wünschte mir eine Sitzgelegenheit. Der Mann im Rolli grinste mich an und sprach: »Nicht jeder ist so clever, sich einen Stuhl zu einem Stehempfang mitzubringen.« Da war es wieder. Erst die Situation entscheidet, ob etwas zur Einschränkung oder zur Begabung wird.

Immer wieder gewinnen – große Siege feiern
Das Tischtennisspiel hielt während meiner Jugendzeit immer wieder Erfolgserlebnisse für mich bereit. Es war ein langer Weg bis aus dem 12-jährigen Jungen mit einem angebundenen Tischtennisschläger ein Goldmedaillengewinner wurde. Manchmal waren es überwältigende Siege, die ich feiern durfte. An das Endspiel 1992 bei den Paralympics in Barcelona werde ich mich mein Leben lang erinnern.

Der Hallensprecher kündigte das letzte Endspiel des Tages an: Startklasse 6, starke Einschränkung am Spielarm. Begleitet von Musik zogen mein Gegner Brian Nielsen aus Dänemark und ich hinter einem Offiziellen in die Halle ein. 12.000 Menschen applaudierten. Mein Herz schlug mir bis zum Hals. »Two minutes«, sagte der Schiedsrichter und gab damit das Einspielen frei. Ich gewann die Wahl und wollte als Erster aufschlagen. Langer Seitschnittball weit in die Ecke seiner Vorhand. Brian machte eine kurze Bewegung und sah dann, dass er den Ball nicht mehr kriegen würde. 1:0. Ich spielte die gleiche Angabe, in der Hoffnung, er habe den Oberschnitt nicht bemerkt. Brian zog den Ball voll durch, aber er ging weit über den Tisch hinaus. 2:0. Nun mit Unterschnitt, dachte ich. Diesmal wählte Brian einen Abwehrball. Sofort zog ich nach und versenkte den Ball in der tiefen Rückhand. 3:0. Brian schwitzte – ich hoffte vor Angst. Der erste Satz ging so schnell zu Ende, dass es ihm wie ein böser Traum vorkommen musste. Anfang des zweiten Satzes war das Spiel völlig offen. Ich witterte meine Chance und riskierte alles. Wieder konnte ich einen leichten Vorsprung rausarbeiten. Längst hörte ich den Applaus der 12.000 nur noch im Hintergrund. Meine Teamkollegen schrien sich die Lunge aus dem Hals. Und doch konnte ich in diesem Lärm die Stimme meines Trainers gut verstehen. »Überrasche ihn mal mit einem kurzen Überschnittaufschlag!« Ich lebte in einem Tunnel. Vor mir der Tisch mit Brian auf der anderen Seite. Hinter mir der Coach mit seinen ruhigen und klaren Anweisungen. Gegen Ende des Satzes holte Brian auf. Immer näher kam er heran. Vermutlich hat mein Team längst gezittert, ich möge diesen zweiten Satz nach Hause bringen. Im dritten könnte ich womöglich keine Chance mehr haben. Ich dachte nur an den kleinen Ball und feuerte mich an: »Spiel weiter, los, greif ihn an.« 20:19, Matchball. Der Beifall verebbt. Ruhig liegt der Ball auf meinem Schläger. »Spiel einen schnellen Aufschlag, viel Seitenschnitt, genau auf seinen Spielarm. Überrasche ihn!«, denke ich. Ich sehe den Punkt vor mir, dort muss der Ball hin. Brian reagiert gut. Nimmt die Rückhand: Noppen, kontert den Ball. Ich weiß, dass ich nicht kontern darf, also schaffe ich den Schritt zurück, schneller Topspin in seine tiefe Rückhand. Er kann den Ball nur mit wenig Tempo zurückheben. Meine Chance. Ich ziehe den Ball voll durch, tiefe Vorhand. Kurz vor dem Boden ist er da: Abwehrball, aber viel zu kurz. Mit dem ganzen Körper werfe ich mich in den Schmetterball. Der Ball schießt an ihm vorbei und klatscht gegen die Bande. Ich reiße die Arme empor und im selben Augenblick umhüllt mich das Tosen von 12.000 jubelnden Zuschauern. Erst jetzt sehe ich sie wieder: Meine Teamkollegen, die fast heiser sind, meinen Coach, dessen Taktik so erfolgreich aufging, und die vielen Zuschauer, die mich in ihr Herz geschlossen haben. Alle laufen sie auf mich zu. Ich ertrinke in ausgestreckten Händen. Blitzlichter blenden mich. Was war das für ein Moment. Ein Augenblick größten Glücks! Dagegen verblasste sogar mein Wurfbudenerfolg beim Dorffest in Gaderoth.

Habe ich mich während des Spiels behindert und schwach gefühlt? Keine Spur! Litt ich unter meiner Unfähigkeit, nicht Klavier spielen zu können? Wo denken Sie hin? Wenn ich im Wettkampf stehe, vergesse ich meine Schwächen.

Sieger sein – das Leben gewinnen

In meiner Kindheit habe ich mein Leben genossen und war dankbar für die vielen Dinge, die ich machen konnte. Diese Perspektive kam mir während meiner Jugendzeit hin und wieder abhanden. Glücklicherweise nicht dauerhaft.

Besonders schmerzhaft empfand ich wie erwähnt mein Unvermögen, Musikinstrumente bedienen zu können. Ich habe zwar mit meinem Bruder Edgar, meinem Cousin Frank und vielen anderen in einem Jugendchor gesungen. Meine Stimme kann sich sehen lassen, fand ich (oder hören lassen? Egal!). Aber zu gerne hätte ich anstelle unseres Pianisten am Klavier gesessen. Ich träumte davon, lässig am Klavier sitzend, ein Liebeslied zu intonieren. Was mir beim Dosenwerfen gelang, das misslang mir am Flügel. Bei aller Anstrengung, mein Traum war eine Seifenblase. Das ist ungerecht! Wieso ausgerechnet ich? Und wieso gerade Klavier, wo es mir doch so viel Spaß machte zu singen? Meine Behinderung wurde zum Problem, weil ich gescheitert bin.

Es war mein Bruder, der mir mit einem kleinen Satz eine andere Perspektive geöffnet hat. »Du kannst zwar nicht Klavier spielen, aber du bist doch erstklassig im Tischtennis.« Dieser Satz ging mir fortan im Kopf herum. Worauf blicke ich? Sehe ich auf meine Unfähigkeiten oder auf meine Begabungen? Bin ich begrenzt oder talentiert? Leide ich an dem, was ich nicht kann, oder erfreue ich mich an meinen Möglichkeiten? Es hat etwas gedauert, aber ich habe mich für die zweite Möglichkeit entschieden. Der Blick auf das, was fehlt, war zu kränkend. Also habe ich mich hingesetzt und mir einen Zettel genommen und aufgeschrieben, was ich gut kann. Tischtennis, rechnen, singen, Witze machen, an der Teppichstange hängen, und vieles mehr. Viele kleine Siege, die mein Leben ausmachen. Dann habe ich den Zettel umgedreht und auch die Rückseite beschrieben. Da habe ich alles notiert, was mir an meinem Leben gefällt. Da fanden sich die Auftritte mit dem Chor wieder, mein eigenes Zimmer, meine Familie, das leckere Obst von der Obstbaumwiese und vieles andere mehr. Viele große Geschenke, die mir unverdient zuteil wurden.

Viele kleine Siege werden zu einem großen Sieg. In meinem Theologiestudium musste ich viele kleine und große Herausforderungen bewältigen, zwei Examina bestehen und etliche Predigten halten, bevor ich ordiniert wurde und heute nun Pfarrer bin. Durch das Meistern vieler kleiner Herausforderungen erwerben sich Menschen einen Status, ein Amt, ja ein Ansehen und darüber dürfen sie sich freuen. Ich bin dafür, Menschen, die Großes leisten,

Respekt und Achtung entgegenzubringen. Bürgermeisterinnen, Chefärzten und Unternehmerinnen gebührt Anerkennung. Also immer angenommen, sie sind es aufgrund ihrer Leistungen. Ich habe Ihnen ja schon erzählt, wenn Menschen in mir (nur) einen Behinderten sehen, erwähne ich inzwischen gerne, ich sei von Beruf Pfarrer. Sofort ändert sich die Situation.

Der größte Sieg aber ist wohl meine veränderte Sicht auf mein Leben, die mir durch meinen Bruder und viele andere Menschen zuteil wurde. Im Vergleich mit anderen mag das Glas halb leer sein. Entscheidend ist aber, ob meine Begabungen und Gaben für mich ausreichend sind. Wer stets auf das sieht, was im Leben fehlt und woran er scheitert, der wird unzufrieden. Ich möchte das schätzen, was mein Leben schön macht und was mir glückt. Diese veränderte Perspektive ließ mich das Leben gewinnen. Aus dem Behinderten wurde ein Begabter.

14.2 Andere haben auch Grenzen

Es tut unserer Seele gut, die eigenen Fähigkeiten zu schätzen, zu würdigen und manchmal nach ihnen zu suchen. Erschwert wird diese Perspektive aufs Leben, wenn ich umgeben bin von Menschen, die alles besser können als ich. Da ist es hilfreich, nicht nur nach den eigenen Talenten zu suchen, sondern auch nach den Grenzen der anderen Ausschau zu halten. Die zu entdecken, kann trösten.

Lebhaft in Erinnerung ist mir ein Erlebnis während einer Jugendfreizeit, die ich als 15-Jähriger mit meinem

Bruder und meinen Cousins Frank und Andre besucht habe. Vor der Freizeit hatte ich ein mulmiges Gefühl. Wie wird es sein, mit den neuen Menschen? Wie werden die auf mich reagieren? Wegen meiner kurzen Arme machte ich mir weniger Gedanken. Es war eher meine Beinprothese. Zwar konnte ich diese Behinderung ganz gut mittels langer Hosen verstecken, aber auf so einer Jugendfreizeit fiel das bestimmt einigen auf. Ich tröstete mich damit, dass bestimmt Jugendliche da waren, die auch ihre Mängel hatten. Der Tag unserer Anreise war gut. Am frühen Nachmittag kamen wir an und so langsam trafen die anderen Teilnehmenden ein. Alles ganz nette und halbwegs durchschnittliche Typen fand ich. Auch die Mädchen schienen nett zu sein. Nach dem ersten Augenschein kam ich zu der Einschätzung, dass etliche gut aussahen, wenn nicht gar als ziemlich hübsch zu bezeichnen waren. Warum ich als Jugendlicher stärker auf das Aussehen der Mädchen fixiert war als auf deren innere Werte, kann ich heute natürlich nicht mehr nachvollziehen. Jedenfalls freute ich mich allmählich richtig auf die zwei Wochen. Gegen 21.00 Uhr fehlte nur noch ein einziger Junge. Der kam um 21.30 Uhr. Das war Klaus. Klaus war 17 Jahre alt, ca. 1,85 m groß, hatte schwarzes Haar, breite Schultern und sah unheimlich gut aus. Klaus machte bereits eine Ausbildung. Aber wissen Sie, was das Schlimmste an Klaus war? Klaus war auch noch total nett. Wäre der schön, aber doof gewesen, ich hätte meinen Neid im Griff gehabt, aber so ... So war Klaus, wie ich gerne sein wollte: ein strahlender Adonis. »Was für ein Athlet«, schoss es mir durch den Kopf. Und je mehr ich Klaus bewunderte, desto klarer wurde mir, dass ich ab sofort bei allen Mädchen abgemeldet sein würde. Und tatsächlich, nach drei Tagen war mindestens die Hälfte der Mädchen in Klaus verliebt. Was der auch machte, es gelang ihm: In Volleyball und Fußball war er der Beste. Brachte ich einen lustigen Spruch, setzte er noch einen obendrauf. Und mit jedem Sonnenstrahl, der seine Haut traf, wurde er noch schöner. Die einzige Hoffnung, die wir anderen Jungs hatten, war: Klaus hatte auch nur zwei Hände. Es mussten also zwangsläufig Mädchen übrig bleiben, die sich nicht um ihn rissen. Die Wende kam am vierten Tag der Freizeit. Sie müssen wissen, es war eine christliche Freizeit. Abends gab es immer Vorträge und dabei wurde viel gesungen. Da war ich in meinem Element. Hatte ich die Melodie einmal im Ohr, konnte ich mühelos eine zweite Stimme dazu erfinden. Das machte Eindruck. Am vierten Abend, ich sang gerade fröhlich mit, vernahmen meine Ohren ein, nun lassen Sie es mich so ausdrücken, ein »heiseres Krächzen«. Ich drehte mich um und links hinter mir saß tatsächlich Klaus. »Das gibt's doch nicht«, dachte ich bei mir, »der kann nicht singen.« Eine heimliche Freude stieg in mir auf. Selbst Klaus konnte nicht alles. Am nächsten Tag kam ein Mädchen zu uns an den Abendbrottisch und fragte in die Runde: »Hat schon jemand eine Idee, was wir heute nach dem Vortrag machen könnten?« »SINGEN«, platze es aus mir heraus. Es war ein toller Abend! Rauf und runter sangen wir unsere Freizeithits.

Jeder Mensch hat Grenzen. Das ist eine banale Tatsache. Das Erleben aber, dass andere Menschen genau wie ich an ihre Grenzen stoßen, das war für mich alles andere als banal. Es war hilfreich und tröstlich. Fortan stellte ich Klaus nicht mehr auf das hohe Podest, auf dem er sich vermutlich selbst gar nicht sah. Denn wie gesagt, Klaus war kein bisschen eingebildet. Er bildete sich auf all seine Talente nichts ein. Vielleicht hatte er selbst begriffen, dass er diese ohne Verdienst geschenkt bekommen hatte.

Ich gehöre nicht zu den Menschen, die das Fernsehen für alle Miseren unseres Landes verantwortlich machen. Es zeigt uns aber oft Bilder von Helden und scheinbar makellosen Menschen. Setzen sich diese Bilder als Realität in unsere Köpfe, muss uns unser eigenes Leben armselig erscheinen. Bei James Bond konnte ich mir leicht einreden, dass es den ja gar nicht gibt. Bei den Helden der Castingshows ist das schwieriger, denn die gibt es ja tatsächlich.

Für meinen Beruf habe ich aus dieser Situation auch etwas gelernt. Als Pfarrer in meiner Konfirmandengruppe habe ich natürlich mal Tischtennis mit meinen Konfis gespielt. Niemand hatte annähernd eine Chance gegen mich und einige sagten mir, sie fänden es toll, was ich aus meinem Leben machte. Die Bewunderung tat mir gut. Zugleich wollte ich nicht auf einem Sockel, sondern an der Seite der Jugendlichen stehen. Dazu ist es gut, auch mal eine Unfähigkeit zu offenbaren. Als einige Konfirmanden mit ihren Skateboards zum Unterricht kamen, fragte ich, ob ich das mal ausprobieren dürfe. Ich habe das allerdings noch nie gemacht und bräuchte Hilfe. So stand ich dann auf einem wackeligen Brett mit Rollen. Am linken Arm ein Konfirmand, am rechten Arm ein anderer. Und beide redlich bemüht, mich nicht auf die Teerstraße knallen zu lassen. Ist ja auch blöd, wenn am Sonntag die Gottes-

dienstbesucher fragen: »Woher hat der Pfarrer die Blut-
ergüsse in seinem Gesicht?« und die Antwort lautet: »Die
Konfirmanden haben ihn auf die Straße fallen lassen.«

15. Ich bin wer, egal, was ich kann

15.1 Ich bin normal

»Wie versöhne ich mich mit meinen Grenzen?«, habe ich
gefragt. Und meine erste Antwort lautete: »Beschäftige
dich mit deinen Gaben statt mit deinen Grenzen.« Meine
zweite Antwort lautete: »Entdecke die Grenzen der anderen. Auch ›Superstars‹ haben Unzulänglichkeiten.« Zu
meiner dritten Antwort komme ich jetzt. In meinem Kapitel »Verlieren, immer wieder verlieren, Verlierer sein«
habe ich erzählt, wie belastend es ist, als Folge von angeb-
lichen Unzulänglichkeiten ausgesondert zu werden. Und
irgendwann glaubt man selbst, ich gehöre zu Recht nicht
dazu, denn ich bin schlechter als die anderen. Dagegen ist
nur ein Kraut gewachsen. Wer du auch bist, du bist normal.

Das habe ich vermutlich in den ersten sechs Jahren
meines Lebens gelernt. Blöd nur, dass ich so wenig be-
wusste Erinnerungen an diese Zeit habe. Das Lebensgefühl aber, das spüre ich noch: Ich war ein Kind unter
vielen anderen Kindern. Außergewöhnlich und doch
normal. Nicht mich betrachtend, sondern meine Welt er-
forschend. Keine Angst vor anderen Menschen, sondern
gewiss, die meinen es gut mit mir. Heute sage ich gerne,

ich war ein ganz normales Kind. Mit »normal« meine ich also nicht, ich habe irgendeiner Standardnorm entsprochen. Normal bedeutet für mich, mein Anderssein wurde nicht benutzt, um mich abschätzig zu behandeln. Ich war einer von uns.

Meine Kindheit kann ich also nur noch fühlen. Erzählen aber kann ich von meinem Erwachsenenleben. Manchmal merke ich mir absichtlich Situationen, weil ich sie später in irgendeinem Vortrag brauchen könnte. So zum Beispiel den zweiten Geburtstag meiner Patentochter Paula. Paula kenne ich, seit sie 3 Tage alt war. Für sie bin ich normal und außergewöhnlich zugleich. Paula lebt etwa eine Autostunde von meinem Wohnort Bonn entfernt. Da sowohl mein Terminkalender als auch der von Paulas Eltern, Cordula und Olaf, chronisch überfüllt ist, sehe ich Paula nur zwei- bis viermal pro Jahr. Wenn wir uns aber treffen, dann wird gespielt, was das Zeug hält. Wir stapeln Bauklötze, rollen uns einen Ball zu, krabbeln über- und untereinander. Dass ich kurze Arme habe, spielte für Paula nie eine Rolle. Bis dann ihr zweiter Geburtstag kam. Ich traf kurz nach dem Kaffeetrinken ein. Sofort packte Paula ihr Geschenk aus und dann gab es kein Halten mehr. Die nächsten zwei Stunden gehörten uns. Schließlich saßen wir am Abendbrottisch. Cordula hatte neben einigen Baguettes einen Salat gemacht. Ich steckte meine Gabel unter meine Uhr und begann zu essen. Als meine Schale halb geleert war, hielt Paula plötzlich inne. Sie schaute mich an, streckte ihre Hand und ihren Zeigefinger in meine Richtung und sagte: »Kurze Arme!«. »Genau«, sagte ich, »meine Arme sind kurz. Die sind schon den ganzen Tag so kurz.« Als Paula ihre Hand nicht zurückzog, nutzte ich die Gelegenheit. Ich streckte ihr meinen linken Arm hin (das ist der mit dem besten Daumen der Welt) und fragte: »Willst du mal fühlen?« Das tat sie dann, kicherte, knuddelte an meinem Daumen und nach 30 Sekunden war alles wie zuvor. Wir aßen Salat. Aus dem Patenonkel war ein Patenonkel mit kurzen Armen geworden und dann wieder ein Patenonkel. Heute stellt Paula immer wieder mal fest, dass meine Arme kurz sind und muss dann ein wenig anschauen, anfassen und anfragen. Aber meistens bin ich einfach nur Rainer.

15.2 Verlieren lernen

Erfolgserlebnisse sind wichtig für unser Selbstwertgefühl. Das Leben hält aber auch Erfahrungen des Scheiterns bereit. Zur Versöhnung mit den eigenen Grenzen gehört es, das Verlieren zu lernen. Habe ich eben von der Faszination des großen Sieges geschwärmt, so habe ich in meinem Sportleben und natürlich auch in meinem Privatleben derbe Niederlagen einstecken müssen.

1996 bin ich als Nr. 1 der Weltrangliste nach Atlanta zu den Paralympics gefahren. Anders als vier Jahre zuvor in Barcelona konnte ich verletzungsfrei durchtrainieren und hatte am Olympiastützpunkt in Heidelberg optimale Bedingungen. Wenige Wochen vor dem Großereignis schloss ich einen Sponsorvertrag und die lokale Presse berichtete kontinuierlich. Meine Erwartungen und die vieler anderer Menschen waren hoch. Und ausgerechnet bei diesem Turnier erwischte mich der sportliche Supergau. In der Vorrunde musste ich gegen den Holländer Harold Kersten antreten. Den kannte ich in- und auswendig und bislang hatte ich noch nie gegen ihn verloren. Doch diesmal traf er alles. Er begann unglaublich offensiv und überrannte mich förmlich. Um es kurz zu machen, ich verlor auch den zweiten Satz und musste nunmehr alle weiteren Spiele gewinnen, um das Viertel-Finale zu erreichen. Sie merken, die Erinnerung an dieses Ereignis rufe ich mir nicht so gerne ins Gedächtnis. Mein nächster Gegner war Johnny Eriksson aus Schweden. Der war der kommende Mann unserer Startklasse. Drei Jahre zuvor wie aus dem Nichts aufgetaucht und kontinuierlich besser geworden. Auch gegen ihn hatte ich zuvor nicht verloren, aber die letzten Wettkämpfe waren sehr knapp gewesen. Wieder verlor ich in zwei Sätzen und war damit in der Vorrunde ausgeschieden. Ich lief aus der Halle hinein in den subtropischen Wald, der die Sporthalle umgab. Es war wie ein Schock. 40 Grad im Freien und doch fühlte ich mich wie eingefroren. An das Spiel gegen meinen dritten Gegner kann ich mich nicht einmal mehr erinnern. Selbst sein Name fällt mir nicht mehr ein. Die Tage in Atlanta waren quälend lang. Am liebsten wäre ich sofort und unbemerkt von aller Öffentlichkeit nach Deutschland zurückgeflogen. Als ich mit meiner Mannschaft in Frankfurt landete, war tatsächlich kein Pressevertreter am Flughafen. Die hatten vorher schon von meinem überraschenden Ausscheiden berichtet. Es waren aber meine Familie und einige meiner Mitbewohner aus Heidelberg da. Auf der Fahrt zur Wohngemeinschaft erzählte ich vom frustrierenden

Abschneiden. Als ich auf unser Haus zuschritt, stutzte ich. Da war ein Kranz aus Tannengrün um den Türrahmen gelegt. Ich trat ein und wurde von den restlichen Bewohnern und etlichen Freunden aus dem Tischtennisverein empfangen. Auf dem Tisch eine große Tischtennisplatte aus Süßigkeiten, daneben als Geschenk selbst bemaltes Bettzeug. »Ihr Lieben«, hob ich an, »das ist ja ganz nett von euch, aber ich habe keine Medaille gewonnen.« Die Antwort kam sowohl prompt als auch überraschend für mich: »Wir feiern heute keinen sportlichen Erfolg. Du warst drei Wochen weg und hast aufregende Dinge erlebt. Und jetzt freuen wir uns, dass du wieder bei uns bist.« Der Satz ging mir noch länger nach. Für meine WG war ich kein gescheiterter Tischtennisspieler, sondern schlicht ein Freund. Erfolg oder Misserfolg, das änderte nichts an unserer Beziehung.

Und ein zweites geschah, was mir half. Schnell holte mich in den kommenden Tagen der Alltag wieder ein. Hatte ich zur Vorbereitung auf die Spiele mein Studium ein halbes Jahr lang vernachlässigt, so begann ich nach Atlanta die Vorbereitung auf das erste Examen. Aus dem gescheiterten Tischtennisspieler wurde wieder ein Theologiestudent. Statt in der Halle gegen kleine weiße Bälle zu schlagen, habe ich mehr Zeit in der Bibliothek mit großen, grauen Büchern verbracht. Was bin ich froh, dass ich nie vor der Frage stand, Profisportler zu werden. Es mag sein, dass man heutzutage im Hochleistungssport nur erfolgreich sein kann, wenn man alles auf eine Karte setzt. Wehe aber, wenn diese Karte dann nicht sticht. Besteht das Leben nur aus Tischtennis, dann verliere ich nicht nur eine

Medaille, sondern mein Leben. Leistungssportler stehen in der großen Gefahr, sich zu sehr über ihre Leistungsfähigkeit zu definieren. Was aber, wenn ich mich schwer verletze? Was, wenn ich trotz aller Anstrengungen nie mein sportliches Ziel erreiche? Wo ist dann ein zweiter Lebensbereich, der mir Halt gibt? Ein solcher alternativer Lebensbereich ist für sehr viele Athlet/innen das private Leben mit Familie und anderen Beziehungen. Wichtig an diesen Beziehungen ist, dass der eigene Wert eben nicht von irgendwelchen Talenten und Fähigkeiten abhängt.

Bevor ich aber zur Bedeutung von Familie und nahen Freunden komme, möchte ich eine kleine Anmerkung machen über die Bedeutung von Beziehungen zwischen Athleten. Zuweilen steht der Leistungssport ja unter dem Verdacht, ein reines Konkurrenzsystem zu sein, wo keine Rücksicht genommen wird, weil nur der Sieg zählt. Ich glaube, das Gegenteil ist der Fall. Leistungssportler wissen sehr genau, wie vergänglich ihre Begabung ist. Wer gestern ganz oben war, kann morgen schon im Mittelmaß versinken. Und auch wenn die eigene Stärke extrem wichtig ist für Leistungssportler, es gibt tatsächlich noch etwas Wichtigeres. Beim Tischtennis kann man es gut erkennen. Vor und nach jedem Spiel begrüßen sich die Athleten mit Handschlag. Vorher wünscht man sich ein faires Spiel oder ein gutes Spiel. Beide wissen nämlich, im Eifer des Gefechtes ist unsere Beziehung in Gefahr. Während des Kampfes Mann gegen Mann, Frau gegen Frau, kann es schon mal zu heftigen Emotionen kommen. Beide wollen nur anscheinend das Gleiche, in Wirklichkeit wollen sie genau das Entgegengesetzte. Konflikte sind daher vorprogrammiert. Am Anfang des Spieles aber sagt man sich: Wir wollen nicht um jeden Preis gewinnen. Am Anfang des Spieles sagt man sich, wir werden uns an die Regeln halten, denn die schützen unsere Beziehung. Wer dann doch unfair spielt, der verliert seine Reputation. Wer ständig regelwidrig den Aufschlag hinter seinem Nichtspielarm versteckt und dadurch gewinnt, ist in Windeseile in der Halle verschrien. Selbst wenn man dann eine Medaille gewinnt, es kommt niemand mehr, um zu gratulieren.

Und nach dem Wettkampf? Da treffen sich die Athleten wieder per Handschlag und bedanken sich beim Gegner. Der Gewinner dankt dem Verlierer. Er bedankt sich, denn dieser hat sich mit seiner ganzen Kraft dem Wettkampf gestellt. Für den Gewinner ist es nämlich ein großes Glück, auf einen annähernd gleich starken Konkurrenten zu treffen. Tischtennis macht keinen Spaß, wenn ich gegen einen deutlich Unterlegenen spiele. Es wird keine Freude an der eigenen Begabung aufkommen, wenn ich mit dem anderen machen kann, was ich will. Bin ich selbst der klar Unterlegene, macht es ebenso wenig Spaß. Der andere muss mich gar nicht ernst nehmen, um zu gewinnen. Richtig gut wird ein Wettkampf erst dadurch, dass zwei annähernd gleichstarke Athleten aufeinander treffen. Dann geben beide ihr Bestes. Dann kämpfen beide mit aller Kraft. Nach dem Spiel bedanken sich beide für ihre Stärke. Ohne dich wäre ich nicht an die Grenze meiner Leistungsfähigkeit gelangt. Der Gewinner bedankt sich beim Verlierer, denn der hat ihn stark gemacht. Damit zollt er ihm Respekt. Der Verlierer

dankt auch dem Gewinner: Du hast mit fairen Mitteln gekämpft. Ich bin besiegt worden, aber deine Anerkennung
tut mir gut. Ich kann erhobenen Hauptes das Feld räu-
men. Bei Tischtennis ist der Wettkampf eingerahmt in ein
Beziehungsgeschehen. Der Matchball hat nicht das letzte
Wort. Am Ende eines jeden großen Turniers gibt es dann
eine Playersparty. Der Trainingsanzug wird gegen die Zi-
vilkleidung getauscht. Medaillen haben dort nichts mehr
zu suchen. Da verwandeln sich die Athlet/innen wieder
in Normalmenschen. Man isst, trinkt und tanzt miteinander. Das sportliche Ergebnis spielt dann keine Rolle mehr.
Der Mensch ist wichtiger als sein Erfolg.

15.3 Alle Gaben sind geschenkt

»Dankbar genieße ich kleine Siege« habe ich oben geschrieben. Aber wie kann ich denn für kleine Siege dankbar sein? Nun, es kommt darauf an, was Sie für normal
halten. Ist es normal, schnell laufen zu können, lesen
und schreiben lernen zu können, gesund und munter zu
sein? Das könnte die alles entscheidende Frage sein. Ist
die Anwesenheit von Fähigkeiten wirklich der Normalfall oder vielmehr bereits Geschenk des Lebens. Mich hat
ein kleines Mädchen überrascht, die wohl genau darüber
nachgedacht hat:

Die Abflughalle ist noch fast leer. Mein Flug geht erst in
einer Stunde. Ich nehme Platz und nach ein paar Augen-
blicken überkommt mich Müdigkeit. Ich neige den Kopf,
döse vor mich hin und kümmere mich nicht um die weni-

gen Menschen um mich herum. War das eine Bewegung vor mir? Langsam öffne ich meine Augen und sehe in das Gesicht eines kleinen Mädchens. Nur ganz kurz hält sie meinem noch müden Blick stand. Dann dreht sie sich schüchtern um und läuft weg, tut so, als hätte sie mich nicht gesehen. Auf dem Schoß ihrer Mutter spricht sie mit ihrer Puppe: »Maria, willst du spazieren gehen?« Mir bleibt die Antwort verborgen, die das etwa dreijährige Mädchen wohl zu hören vermag. Sie steht auf und trägt ihre Puppe Maria durch die Halle. Die Wartehalle scheint für Maria das reinste Abenteuer zu sein. Überall steckt sie ihren Kopf rein und das kleine Mädchen erklärt ihrer Puppe geduldig, was es da zu sehen gibt. Dann wird Maria müde und zwei Plätze von mir entfernt hingesetzt. Nun schaut Maria mir in die Augen, während das Mädchen weiter umherläuft. Hin und her, links und rechts, meistens ziemlich schnell. Sie kommt zurück, blickt mich an, nimmt Maria auf den Arm und legt sie auf meinen Schoß: »Kannst du mal auf Maria aufpassen?« Mein »Ja, gerne« hört die Kleine schon nicht mehr, denn sie hat sich scheinbar entschlossen, den Rundenrekord für Wartehallen zu brechen. Immer wieder aber bleibt sie stehen und schaut zu mir und zu Maria rüber. Mal hier, mal da, steht sie auf einmal wieder vor mir und erklärt: »Maria ist müde.« Ich sage: »Dann kann sie sich ja noch ein wenig bei mir ausruhen« und lege die Puppe zum Schlafen hin. Das Mädchen streichelt Maria am Kopf und ich tue es ihr gleich. Und dann, es ist nur eine flüchtige Berührung, greift sie nach meinem Daumen, um ihn sofort wieder loszulassen. In wenigen Schritten hat sie ihre Mutter erreicht, setzt sich auf deren Schoß, beinahe so wie Maria auf dem meinigen sitzt. Sie schaut zu uns herüber, ich lächle ihr zu. Und dann stellt sie die alles entscheidende Frage. Die Frage, die kein Erwachsener mehr stellt. Die Frage, deren Antwort niemand kennt, die dem Menschen aber das Glück des Lebens vor Augen führen kann: »Mama, warum hast du eigentlich Hände?«

Begreifende Hände, tragende Füße, ein verstehender Geist, alles ist unverdientes Geschenk. Unsere Gaben und Talente haben wir geschenkt bekommen. Niemand hat es sich verdient. Erfolgserlebnisse brauchen wir, um stark zu werden. Aber sie sollen uns nicht überheblich machen. Es kommt nicht darauf an, dass einer stark wird, sondern dass alle stark werden. Talente haben wir bekommen, um Großes zu leisten, für uns, aber auch für andere. Nicht nur der starke Alleskönner hat Anerkennung verdient, sondern jeder Mensch. Paulus beschreibt die christliche Gemeinde in Kapitel 12 des Ersten Korintherbriefes als einen Leib aus vielen Gliedern. Alle sind verschieden, aber alle sollen gleichermaßen Würde haben.

15.4 Ich liebe nicht deine Leistung, sondern dich

»Ich kann was« und »Ich bin wer« habe ich die beiden elementaren Erfahrungen genannt, die Menschen stark machen. Doch beide Erfahrungen sind stets bedroht. Die Karriere als Leistungssportler endet früher oder später. Immer wieder wird es Zeiten des Scheiterns und der Misserfolge geben. Die eigene Kraft geht spätestens am Ende des Lebens verloren. Wenn ich mich selbst nicht mehr tragen kann, dann bin ich angewiesen auf die tragende Kraft anderer. Wohl dem, der solche Menschen hat. Mir scheint, das ist die Stärke meines Lebens.

Als ich mit 26 Jahren entschied, meinen Beruf als Beamter der Gemeinde Nümbrecht an den Nagel zu hängen und Theologie zu studieren, da traf ich auf viel Unverständnis. Für meine eigenen Eltern war meine Entscheidung kaum nachvollziehbar. Wie kann der in diesen Zeiten seinen sicheren Arbeitsplatz aufgeben und einem Hirngespinst nachjagen? Wird der überhaupt alleine zurechtkommen mit seinen kurzen Armen? Und wenn er tatsächlich das Studium beenden sollte, wird denn eine Gemeinde einen Pfarrer mit kurzen Armen wählen? Als ich dann aber auszog und gen Wuppertal fahren wollte, sagte mir meine Mutter zum Abschied: »Egal, wie es weitergeht, wir halten zu dir.« 13 Jahre später, Anfang 2004, war es dann mein Vater, der mir Ähnliches sagte. Ich war inzwischen Pfarrer geworden und das Ende meiner befristeten Stelle in der Schildgener Gemeinde rückte näher. Daneben hatte ich aufgrund mehrerer Auftritte in der Öffentlichkeit plötzlich eine ganze Reihe von Anfragen für Seminare, Bildungsveranstaltungen und Vorträge. Vielleicht sollte ich mal wieder etwas ganz Neues wagen? Gleichzeitig kamen die Paralympics in Athen auf mich zu. Wollte ich mich wirklich für April 2004 auf eine neue Stelle bewerben? Dann konnte ich die Medaille knicken. Dann musste ich auch die Anfragen ablehnen, denn auch mein Tag hat nur 24 Stunden. Ich entschied mich für den Sport und für die Freiberuflichkeit und zog alle Bewerbungen zurück. Wieder rechnete ich mit Unverständnis. Diesmal war das Risiko meiner Entscheidung höher, aber ich war sicherer. Ich hatte ja eine ähnliche Erfahrung schon 13 Jahre zuvor gemeistert. Zu meiner Überraschung war es mein Vater, der mich unterstützte: »Du wirst noch lange genug in einer festen Stelle sein können. Genieß deine Freiheit. Das kann längst nicht jeder. Wenn's schiefgeht, du weißt, wo du uns findest.«

Das stärkt mein Leben. Menschen, die ihre Beziehung zu mir nicht von Gelingen oder Scheitern abhängig machen. Menschen, für die ich wichtig bin, auch ohne Leistungen bringen zu müssen. Zuneigung, Bedeutung und Liebe, sie gründen sich nicht auf Begabungen und Fähigkeiten. Noch nie hat eine Freundin zu mir gesagt: »Rainer, ich liebe dich, weil du so gut in Mathe bist.«

»Ich kann was« und »Ich bin wer«. Bislang hat mich meine Kraft durchs Leben getragen. Und wenn ich an meine Grenzen stieß, dann wurde ich getragen von Menschen, für die ich wichtig bin. Nicht jeder Mensch hat dieses Glück. Und ob ich dieses Glück Zeit meines Lebens haben werde, ist noch offen. Was aber, wenn sowohl meine Kraft als auch Menschen mich verlassen? Menschen trennen sich, weil sie nicht an unserer Seite bleiben können oder weil sie es nicht mehr wollen. Als glaubender Mensch, so hoffe ich, werde ich versuchen, mich an Gott zu klammern. Ich musste einen Menschen beerdigen, der unter die Räder unserer Leistungsgesellschaft gekommen ist. Erst arbeitslos, dann obdachlos. Es gab keinen Angehörigen, der mir etwas über sein Leben erzählen konnte. Zur Trauerfeier erschienen drei Menschen. Ich las nur wenige Verse aus zwei verschiedenen Psalmen vor, die eine zentrale Frage unseres Lebens aufwerfen. In Psalm 8, Vers 5 heißt es: »Was ist der Mensch und des Menschen Kind?« Und die Antwort in Vers 6 lautet: »Du hast ihn wenig niedriger gemacht als Gott, mit Ehre und Herrlichkeit hast du ihn gekrönt.« Ja, das ist ein schönes Lebensgefühl. Ehre und Herrlichkeit haben. Gekrönt sein mit Macht und Stärke, fast so wie Gott sein. Ach, könnte unser Leben doch so aussehen. Dann las ich Psalm 144, der die gleiche Frage stellt: »Herr, was ist der Mensch und des Menschen Kind?« Aber die Antwort ist eine völlig andere: »Ist doch der Mensch gleich wie nichts; seine Zeit fährt dahin wie ein Schatten.« Nein, das ist kein schönes Lebensgefühl. Wie ein Schatten sein, vergänglich, unbedeutend in Wirklichkeit ein Nichts und niemand. Auch das kann die Wirklichkeit unseres Lebens sein. Wer weiß, wie lange meine Kraft noch reicht? Wer weiß, wie lange ich noch spielend mein Leben gewinne? Wenn die Tage kommen, an denen meine Kraft nicht mehr reicht und kein Mensch mehr da ist, für den ich bedeutend bin, dann werde ich versuchen, mich an Gott zu klammern. Ich habe ihnen nämlich nicht die vollständige Frage vorgelesen. In ganzer Länge heißt es: Psalm 8: »Was ist der Mensch, dass du seiner gedenkst, und des Menschen Kind, dass du dich seiner annimmst?« Psalm 144: »Herr, was ist der Mensch, dass du dich seiner annimmst, und des Menschen Kind, dass du ihn so beachtest?«

Was der Mensch ist, das kann sehr verschieden sein. Stark oder schwach, kompetent oder inkompetent, gekrönt mit Herrlichkeit oder nur ein Schatten seiner selbst. Wer der Mensch auch ist, Gott gedenkt seiner. Was ein Mensch auch kann oder nicht kann, Gott nimmt sich seiner an. Das ist meine Hoffnung für mich und alle Menschen. Insbesondere für die, die Erfahrungen des »Ich kann was« und »Ich bin wer« schmerzlich vermissen. Wenn es niemanden gibt, der uns bedingungslos durchträgt, dann wird es hoffentlich Gott tun.

16. Mein Traum

Ich träume von einer Welt, in der
... Menschen spielend gewinnen. Wer mit dem nötigen Ernst spielt, der kann spielend den Ernst des Lebens angehen.

... alle Menschen das Glück ihrer Begabung genießen können. Wer an Herausforderungen wächst, der wird stark fürs Leben. Wer selbst bestimmen darf, der übernimmt Verantwortung für sein Leben.

... es keinen Zwang zur Leistung gibt, wohl aber die Lust am Gelingen. Bedrückte Menschen geben nie ihr Bestes, herausgeforderte Menschen schon. Nicht Angst macht stark, sondern die Überwindung der Angst.

... Menschen, die an ihren eigenen Unzulänglichkeiten leiden, nicht zu Verlierern werden. Kein Mensch darf glauben, er sei zu dumm, zu unfähig oder zu behindert um dazuzugehören. Jeder ist anders, das ist normal.

... die Vielfalt der Menschen nicht als Problem, sondern als Reichtum verstanden wird. Nicht Menschen müssen an die Gesellschaft angepasst werden, sondern die

Gesellschaft an den Menschen. Wenn Menschen nicht in unsere Gesellschaft hineinpassen, dann liegt das an ihr, nicht am Menschen.

... die Bedürfnisse von Menschen respektiert und beachtet werden. Wenn sich ein Mensch ungewohnt verhält, so hat das immer Gründe. Statt ihn zur Räson zur bringen, sollten wir ihm Be-Achtung schenken und erforschen, was dieser gerade braucht.

... der Fluch des Vergleichens so weit wie möglich gebannt wird. Statt immer öfter Menschen zu messen, zu werten und an einen Standard anzupassen, sollten wir den Segen des Individuellen entdecken.

... die Unterscheidung in Starke und Schwache überflüssig ist. Jeder hat Stärken und jeder hat Schwächen. Manchmal entdecken wir sogar: Was man für eine Schwäche erachtete, kann sogar zur Stärke werden.

... es starke Menschen gibt, die anderen Menschen eigenverantwortlich Aufgaben überlassen, sie aber zugleich nicht alleine zu lassen.

... es Autoritäten gibt, die es nicht nötig haben, Macht- und Druckmittel einzusetzen. Die fragen, was kann ich tun, damit sich mir ein Mensch anvertraut? Selbst Gott verzichtet auf jede zwingende Gewalt und wartet auf entgegengebrachtes Vertrauen.

... es Schulen gibt, die alle Schüler/innen besuchen dürfen. Niemand ist zu schlecht, niemand zu gut, um nicht miteinander lernen zu können.

… es Schulen ohne Noten gibt. Menschen lernen weder für Noten noch für die Schule. Sie lernen nur fürs Leben und aus Interesse.

… es Schulen gibt, in denen die Schüler/innen mitbestimmen dürfen, was sie lernen wollen. Lehrer/innen mögen viel mehr wissen als ihre Schüler/innen. Aber wissen sie auch besser, was für diese wichtig ist?

… Lehrer/innen und Schüler/innen einander vertrauen. Lehrer/innen ihren Schüler/innen neue und aufregende Welten öffnen. Schüler/innen keine Angst und keine Scham haben, sich ihren Lehrer/innen anzuvertrauen.

… in der Menschen mehr sind als die Summe ihrer Fähigkeiten.

Dank

Ich danke allen Menschen, die mich stark fürs Leben gemacht haben und immer wieder stark machen.

Zuerst meinen Eltern Ingrid und Helmut Schmidt und meinen Geschwistern Elke und Edgar. Deren Kinder, Siska, Torben, Ronja, Ben-Julian und Maira, möchte ich auch nennen, denn wann immer ich sie treffe, erhebt das mein Herz.

Meinem Heimatdorf Gaderoth sei ein kollektiver Dank ausgesprochen. Hier war ich etwas Besonderes und doch ganz normal.

Mein Dank gilt dem PTI-Bonn und allen seinen Mitarbeitenden. Insbesondere Sabine Ahrens, Leiterin des Arbeitsbereiches Integration, von der ich viel über Selbstbestimmung und Achtung vor den Bedürfnissen der Menschen gelernt habe. Und Dr. Jürgen Röhrig, der mich immer wieder an seinem profunden pädagogischen Wissen teilhaben lässt. Die Evangelische Kirche im Rheinland hat mich mit Aufgaben betraut, die wie für mich gemacht sind. Gleichzeitig hat sie mir den Rücken für die Vorbereitung auf die Paralympics 2008 in Peking freigehalten und mir Zeit zum Schreiben dieses Buches eingeräumt.

Ich danke dem Gütersloher Verlagshaus, namentlich meiner Lektorin Gabriele Schneider. Anfang Januar 2008 gab es nur Ideen in meinem Kopf und dein Vertrauen. Innerhalb von nur sieben Monaten haben wir dieses Buch daraus entstehen lassen. Das ist rekordverdächtig!

Und ich danke allen Menschen, die mir erlaubt haben, eine Anekdote von ihnen zu veröffentlichen. Ohne euch wäre das Buch öde Theorie.

Zum Schluss danke ich Frau Dr. Dörte Bester. Unser Telefonat am 3. Januar 2008 hat den Stein ins Rollen gebracht. Ohne dein »Du musst das Buch jetzt schreiben« hätte ich es noch ein paar Jahre vor mir hergeschoben.

Danke!